혼란속에서 무엇이 나를 버티게 하는가

초역, 다산의 말

정약용 원저, 민유하 지음

혼란속에서 무엇이 나를 버티게 하는가

초역, 다산의 말

정약용 원저, 민유하 지음

목 차

서문 - 11
이 책을 어떻게 읽을 것인가 - 13

1부. 흔들리는 마음에 중심을 세우는 시간

◎ 조급함을 넘어서는 연습
초라함 속에서도 피어날 때를 기다려야 한다 - 15
비교보다 나만의 속도를 선택할 때 - 18
굽이굽이 흘러도 결국 강이 된다 - 20
불안을 줄이는 법은 움직이는 것 - 22
불안은 책임지는 사람의 감정 - 24
비워야 비로소 멈추는 갈증 - 26

◎ 혼란속에서 방향을 찾다
삶의 이유는 스스로 해석하는 것 - 28
허무함을 지나야 보이는 것들 - 30
길이 달라졌을 뿐, 멈춘 건 아니다 - 32
늦었다는 생각이 들 때가 시작할 때 - 34
흔들렸다는 건, 진심이었다는 뜻이다 - 36
삶의 목적은 마음의 방향에 달려 있다 - 38

◎ 스스로를 인정하는 시간
인정은 나로부터 먼저 시작되어야 한다 - 40

스스로 떳떳하면 되는 것이다 - 42

나답게 산다는 건 - 44

2부 배움이 흔들릴 때 꺼내 보는 말들

◎ 배움이 멈춘 듯 보일 때

끝까지 남는 건 멈추지 않는 마음 - 47

배움은 기억보다 천천히 쌓이는 것 - 50

변화가 느려도 그 길이 배움이다 - 52

지금이 가장 좋은 시작일 수 있다 - 54

지식보다 태도가 더 중요하다 - 56

잊고 있던 공부의 이유 - 58

나를 바꾸는 것이 진짜 공부다 - 60

◎ 배움 앞에서 작아질 때

배움은 스며드는 것이다 - 62

공부는 마음을 다스리는 훈련 - 64

부족함은 배우려는 마음의 다른 이름 - 66

닫힌 마음에는 아무것도 자라지 않는다 - 68

◎ 공부가 쓸모없어 보일 때

설명하지 못하면 아는것이 아니다 - 70

배움이 삶에 닿을 때 비로소 진짜가 된다 - 72

가르친다는 것은 함께 생각하는 것이다 - 74

마음 깊은 곳에 남은 문장 하나 - 76

◎ 배움의 이유를 잃었을 때

배움은 사람을 사람답게 만든다 - 78

많이 아는 것보다 깊게 아는것이 필요하다 - 80

조용히 시선이 달라지는 순간 - 82
혼란이 찾아올 때, 생각도 자라난다 - 84

◎ 배우는 법을 배우는 중

공부의 끝은 사람을 이해하는 것 - 86
말실수는 배움을 이어가는 계기가 된다 - 88
공부는 나의 리듬으로 하는 것 - 90
벼는 익을수록 고개를 숙인다 - 92
완벽한 때는 없다, 지금이 가장 좋은 시작이다 - 94

3부. 말과 태도의 힘

◎ 말은 사라져도 책임은 남는다

말의 무게는 살아온 길에서 나온다 - 97
그 말을 하지 말 걸 그랬다 - 100
하지 않아야 할 말을 아는 지혜 - 102
늦은 사과라도 진심은 통한다 - 104
말은 사라져도 책임은 끝까지 남는다 - 106

◎ 말없는 태도가 말이 될 때

신뢰할 수 있는 사람은 말은 아낀다 - 108
말보다 먼저 배워야 할 것은 듣는 법 - 110
조용함 속에 감춰진 강한 신중함 - 112

◎ 따뜻한 말이 관계를 살린다

무례함 앞에서도 품위를 지키는 일 - 114
관계의 흐름을 바꾸는 한마디의 말 - 116
말에는 마음의 품격이 묻어난다 - 118
조언은 옳음보다 따뜻함이 먼저여야 한다 - 120

가까울수록 말은 조심스럽고 깊어야 한다 - 122

◎ 말은 습관이 아니라 인격이다

그 한마디가 마음에 오래 남는다 - 124

말투는 습관이 아니라 인격이다 - 126

진심은 기다림에서 완성된다 - 128

신뢰가 먼저 있어야 말이 닿는다 - 130

그 말에 마음이 놓였다 - 132

한 줄의 말, 누군가에겐 따뜻한 선물이 된다 - 134

말 한마디로 인격이 드러난다 - 136

◎ 감정이 말을 앞지를 때

진짜 말은 태도로 전해진다 - 138

그 말이 상처가 되지 않도록 - 140

감정이 앞서면 진심은 멀어진다 - 142

위로는 스스로에게 건네는 말에서 시작된다 - 144

감정을 담은 말은 따뜻하되 넘치지 않아야 한다 - 146

진실을 말하는 용기엔 책임이 따른다 - 148

◎ 짧은 말이 더 멀리 닿는다

센스보다 진심이 오래 남는다 -150

비판은 찌르기보다 비추는 말이어야 한다 - 152

말은 마음을 건네는 다리가 된다 - 154

말의 무게는 내용보다 타이밍에 달려 있다 - 156

진짜 위로는 귀 기울이는 태도에서 온다 - 158

짧은 말이 진심을 더 또렷하게 전한다 - 160

말은 마음이 먼저 다듬어야 한다 - 162

4부. 일상 속에서 지켜야 할 마음들

◎ 드러내지 않아도 깊이는 전해진다
   겸손은 자신을 지키는 단단한 태도 - 165
   큰 사람은 조용하게 깊이를 드러낸다 - 168
   정직한 길은 돌아가도 멀리 간다 - 170
   빛날수록 낮출 줄 아는 사람 - 172
   스스로를 다잡는 의지가 나를 만든다 - 174

◎ 흔들려도 무너지지 않는 마음
   절제는 마음을 지키는 단단한 울타리 - 176
   망설일 수는 있어도 놓쳐선 안 된다 - 178
   속도보다 방향에 마음을 두어야 한다 -180
   흔들릴수록 마음을 단단히 가라앉혀야 한다 - 182
   조용한 하루의 성실함이 삶을 만든다 - 184
   성장은 한계를 인정하는 용기에서 시작된다 - 186
   평판보다 기준 - 188
   멈추지 않는 마음이 중요하다 - 190
   흔들리지 않는 태도가 신뢰를 만든다 -192
   품격은 보이지 않는 순간에 드러난다 - 194

◎ 작은 반복이 큰 변화를 만든다
   더 나아지기를 원한다면 나부터 깊게 돌아보라 - 196
   버티는 힘은 조용하지만 가장 강하다 - 198
   진심을 다했다면 충분한 것이다 - 200
   삶으로 보여주는 사람이 오래 기억된다 - 202
   결과보다 진심이, 성과보다 책임이 오래 남는다 - 204
   고요한 마음이 삶을 단정하게 한다 - 206

버텨낸 하루는 작지만 확실한 승리 - 208

◎ 조용한 배려가 오래 기억된다

관계는 존중 위에 쌓인다 - 210

예의란 상대의 마음을 먼저 헤아리는 태도 - 212

한결같은 태도는 믿을 수 있는 품격이 된다 - 214

감정을 다스리는 사람이 삶도 다스린다 - 216

먼저 전해지는 마음이 진짜 배려 - 218

함께 있어주는 것이 더 깊은 위로가 된다 - 220

말없는 선행이 마음을 채운다 - 222

머물던 시선도 누군가에겐 위로가 된다 - 224

◎ 조금 느려도 단단하게

기회는 기다리는것이 아니라 스스로 여는 것이다 - 226

따뜻한 마음은 쌓일수록 단단해진다 -228

부지런함은 빠른 것이 아닌 나를 단련하는 것 - 230

남을 대하는 말이 곧 나의 깊이를 말해준다 - 232

별일 없는 하루가 가장 큰 축복 - 234

삶은 이루기보다 살아낸 방식으로 남는다 - 236

덜어낼수록 삶은 단단해진다 - 238

신중해졌다는 건, 마음이 깊어졌다는 뜻 - 240

당신은 이미 괜찮은 사람이다 - 242

조금 천천히 가도 괜찮지 않을까 - 244

진심으로 살아낸 의미 있는 하루 - 246

다정한 사람은 태도로 마음을 전한다 - 248

작은 정직, 나를 말해주는 힘 - 250

나를 인정할 때 삶은 단단해진다 - 252

무던함은 흔들림 없이 중심을 지키는 것 - 254

◎ 실수에서 성장이 시작된다
하기 싫은 날에도 해내는 마음 - 256
보이지 않는 수고가 깊은 뿌리를 만든다 - 258
끝까지 해내는 태도가 신뢰를 만든다 - 260
조용한 자리에서 쌓인 것이 나를 이룬다 - 262
실천은 느려도 말보다 멀리 간다 - 264
감정은 순간이고, 판단은 책임이다 - 266
신중한 결정은 내일을 지켜주는 방패다 - 268
다시 일어나려는 마음이 변화의 시작 - 270
나다움을 지키는 사람이 진짜 강하다 - 272
흔들릴수록 마음의 소리에 귀 기울여야 한다 - 274
우리는 말이 아니라 태도로 기억되는 존재다 - 276
쉼은 후퇴가 아니라 회복이다 - 278
실수를 돌아봤다면 이제 자신을 용서할 때 - 280
'실수할 수도 있지'가 사람을 품게 한다 - 282
비교를 멈추는 순간 나를 지켜낼 수 있다 - 284
실수는 끝이 아니라, 다시 사는 방식 - 286

서 문

삶이 흔들릴 때, 다산은 조용히 중심을 세우라 말합니다.
비교에 지칠 때는 자기 기준을, 조급할수록 속도보다 방향을,
말이 넘칠수록 침묵과 태도를 돌아보라고 일러줍니다.

다산 정약용은 말보다 삶으로 설득한 사람이었습니다.
그의 말은 유배지의 긴 침묵 속에서 나왔고,
절망을 건디며 버텨낸 하루하루 위에 쌓였습니다.
그는 실패를 견뎌내는 방식으로 배웠고,
말을 삼키는 훈련을 통해 생각의 깊이를 만들었습니다.

다산은 높은 자리에 있을 때보다, 고립된 유배지에서 더 넓은 세상을 바라보았습니다.
그곳에서 그는 자기 자신을 가장 엄격하게 돌아보았고,
세상을 향한 말보다 먼저 스스로의 삶을 다스렸습니다.

이 책은 다산의 말과 사상을 오늘의 언어로 풀어낸 초역(初譯)입니다.
초역은 단순한 해석이 아니라, 고전의 숨결을 지금의 마음으로 옮기는 일입니다.

다산이 남긴 문장들을 오늘의 삶에 맞닿게 다시 읽고, 다시 살아보려는 시도입니다.
고전을 가볍게 요약하지 않고, 깊게 되새기고 묵직하게 옮기는 방식입니다.

우리는 때때로 말의 무게를 잊고 살아갑니다.
그러나 말은 여전히, 방향을 바꾸고 마음을 붙드는 힘이 될 수 있습니다.
말은 사라져도, 그 말이 머문 자리는 남습니다.
그리고 그 자리는 때로 사람을 다시 일으켜 세우는 작은 기반이 되기도 합니다.

지금 당신의 하루에 단단한 중심이 필요하다면,
다산의 말이 조용히 곁을 지켜줄 것입니다.

이 책을 어떻게 읽을 것인가

이 책은 고전을 요약하거나 해설한 책이 아닙니다.
『초역, 다산의 말』은 다산 정약용의 문장을
오늘의 언어로 다시 살아내려는 시도입니다.

책은 지식을 전달하기보다,
다산이 삶 속에서 체득한 태도와 마음가짐을
지금 우리의 말과 감각으로 풀어내는 데 집중했습니다.

원문의 의미를 그대로 따르기보다,
지금의 삶과 고민에 맞닿는 방식으로 '다시 말하는' 글입니다.

정해진 순서대로 읽지 않아도 괜찮습니다.
마음이 머무는 제목부터 펼쳐보세요.
이 책은 완독보다 머무는 독서,
자신의 리듬에 맞는 독서를 권합니다.

당신의 하루에 필요한 말이 있다면,
그 문장을 천천히 오래 곱씹어도 좋겠습니다.

1부

흔들리는 마음에 중심을 세우는 시간

- 조급함을 넘어서는 연습
- 혼란속에서 방향을 찾다
- 스스로를 인정하는 시간

◎ 조급함을 넘어서는 연습

초라함 속에서도 피어날 때를 기다려야 한다

"작은 풀도 제철이 되면 꽃을 피운다."
『다산어록청상』

가끔 나만 제자리에 멈춰 선 것처럼 느껴진다.
비슷한 나이, 비슷한 출발점이었는데
누군가는 이미 멀리 앞서가고 있고,
나는 이 자리에서 아직도 맴돌고 있는 듯하다.

한참 달려온 줄 알았는데,
뒤돌아보면 별로 이룬 게 없는 것 같고,
가끔은 시작조차 제대로 못한 것처럼 느껴진다.

무력감은 조용히 마음 깊은 곳을 짓누르고,
시간을 견디고 있는 나 자신이
점점 초라해 보이기 시작한다.

별로 가진 것도, 보여줄 것도 없는 내가
괜히 초조해지고 작아지는 순간이 있다.

그럴 땐 다산의 말을 떠올린다.

"작은 풀도 제철이 되면 꽃을 피운다."

- 『다산어록청상』

풀꽃은 제철이 오기 전까지는
그 어떤 찬사도 받지 못한다.

누구의 눈에도 띄지 않고,
아무도 주목하지 않는 자리에서
묵묵히 자신의 계절을 기다릴 뿐이다.

하지만 한 번 피어나면
누구도 흉내 낼 수 없는
자기만의 색으로 존재를 증명한다.

지금 당신은
아무도 보지 못하는 뿌리를 내리고 있는 중이다.
그 뿌리는 깊어지는 만큼,
꽃은 더 단단하게 피어난다.

눈에 띄지 않아도 괜찮다.
흔적이 없어 보여도 괜찮다.

당신이 무너지지 않고 버티고 있다는 것만으로도
이미 충분히 잘하고 있는 것이다.

조급해하지 말고,
스스로를 의심하지도 말자.
남의 계절을 부러워하지 않아도 된다.

당신만의 계절은 반드시 오고,
그 꽃은 반드시 당신의 색으로 피어날 것이다.

◎ 조급함을 넘어서는 연습

비교보다 나만의 속도를 선택할 때

"남의 그늘을 부러워하면, 결국 그 아래 눌려 산다."
『사학징』

비교는 언제나 마음을 어지럽힌다.
왜 나는 계속 들러리처럼 느껴지는지.
다산 역시 수많은 인물들과 마주하며 그 감정을 겪었다.
그는 세도가와 명문가의 권세를 비판하며 이렇게 썼다.
"지위는 하늘이 주지만, 명성은 자신이 지켜야 한다."

"남의 그늘을 부러워하면, 결국 그 아래 눌려 산다."

- 『사학징』

다산은 비교보다 중요한 건,
자신이 서 있는 자리를 '깊이 아는 것'이라 말했다.

남과 다른 속도로 걷는다는 건,
나만의 시간을 살아간다는 뜻이기도 하다.

질투보다 중심을,
초조함보다 나만의 기준을 세우는 것.

그것이 다산이 삶에서 배운 균형이었다.

◎ 조급함을 넘어서는 연습

굽이굽이 흘러도 결국 강이 된다

"굽이굽이 흐르는 물도 결국 강을 이룬다."
『경세유표』

'이 나이면 이만큼은 이루었어야 하지 않을까?'
'지금쯤이면 뭔가 보여야 하지 않을까?'

스스로를 다그치다 보면 조급함이 마음을 잠식하고,
지쳐가는 몸과 마음만 남게 된다.

남들은 달리는 중일지 몰라도,
나는 나만의 길을 걷고 있는 중이다.

조금 느릴 뿐, 멈춘 건 아니다.

지금은 나아가기보다 깊이 뿌리내려야 할 때일지도 모른다.

다산은 그런 조급함에 이렇게 답했다.

"굽이굽이 흐르는 물도 결국 강을 이룬다."

- 『경세유표』

강은 처음부터 거대하지 않다.

숲을 지나고, 바위를 돌아,
때로는 거슬러 흐르며 자신의 물길을 만들어 간다.

우리의 삶도 그렇다.
곧게 가지 않아도 괜찮고, 멀리 돌아가도 좋다.
중요한 건 속도가 아니라 방향이다.
조급함은 능력 부족이 아니라 방향을 잃은 상태다.

느리더라도 방향을 잃지 않는다면,
그 모든 과정은 결국 당신만의 흐름이 되어
더 멀리 나아가는 길이 된다.

◎ 조급함을 넘어서는 연습

불안을 줄이는 법은 움직이는 것

"행함이 두려움을 이긴다."
『여유당전서』

앞날은 늘 불확실하고, 마음은 자꾸 조급해진다.

'될까, 말까', '지금 가는 길이 맞는 걸까'
불안이 생각을 집어삼키고,
머릿속은 걱정때문에 아무 일도 시작하지 못할 때가 있다.

마음은 복잡한데, 몸은 그대로 멈춰 있고
시간만 흘러가면서 불안은 점점 더 커진다.

그럴 때 다산의 이 말은 단순하지만 묵직하게 다가온다.

"행함이 두려움을 이긴다."

- 『여유당전서』

불안은 멈춰 있을 때 더 커지고,
움직이기 시작하면 조금씩 작아진다.

거창한 일이 아니어도 괜찮다.
지금 할 수 있는 가장 작은 행동부터 해보자.

책상 정리를 하거나, 마음을 다잡는 문장을 써보거나,
아니면 그저 일어나 잠깐 걷는 것만으로도 좋다.

그 작은 움직임 하나가
불안의 흐름을 바꾸는 출발점이 될 수 있다.

◎ 조급함을 넘어서는 연습

불안은 책임지는 사람의 감정

"판단이 어렵지 않은 일은 없다.
다만 두려움 없이 결정하는 이는,
이미 자기 기준을 잃은 사람이다."
『흠흠신서』

다산은 수많은 재판을 맡으며 매번 깊은 고민에 빠졌다.

죄가 분명해 보여도 단정하기 어려운 때가 있었고,
무고한 이를 구해야 할 때는 더욱 그랬다.

『흠흠신서』에서 그는 고백한다.

"판단이 어렵지 않은 일은 없다. 다만 두려움 없이 결정하는 이는, 이미 자기 기준을 잃은 사람이다."

불안은 무능의 증표가 아니라,
책임을 다하려는 사람만이 느끼는 감정이다.
잘하고 있는데도 불안한 건, 더 잘하고 싶기 때문이다.

다산은 한 번의 판결보다
스스로에게 부끄럽지 않은 마음을 더 중요하게 여겼다.

당신이 스스로를 끊임없이 돌아보고 있다면,
그 길은 분명 옳다.

◎ 조급함을 넘어서는 연습

비워야 비로소 멈추는 갈증

"욕심은 채울수록 목이 마르다."
『다산시문집』

필요한 건 모두 손에 넣었는데도
마음 어딘가는 여전히 비어 있었다.

무언가 빠진 듯한 허전함이 남아
성취의 끝에서도 또 다른 갈망이 고개를 들었다.

다산은 진짜 결핍은 소유의 부족이 아니라,
욕망을 줄이지 못하는 데서 비롯된다고 보았다.

"욕심은 채울수록 목이 마르다."

- 『다산시문집』

채워도 채워도 끝나지 않는 갈증,
그 근원은 결핍이 아니라 욕망 그 자체일지 모른다.

다산은 스스로 수많은 기회를 내려놓으며
절제된 삶을 선택했고,
그 덕분에 지식도 정신도 더 맑고 깊어졌다.

지금 느끼는 부족함은 더 채워야 해서가 아니라,
비워야 할 것이 남아 있다는 신호일 수 있다.

◎ 혼란속에서 방향을 찾다

삶의 이유는 스스로 해석하는 것

"하늘이 나를 부지런하게 하려고 시련을 준 것이다."
『자찬묘지명』

문득 그런 날이 있다.

"나는 왜 이렇게 살고 있는 걸까?"

아침에 눈을 떴지만 마음은 무겁고,

해야 할 일들이 이유 없이 공허하게 느껴진다.

다산은 벼슬길에서 쫓겨나고, 억울한 누명을 쓰고,

유배지에서 긴 시간을 견뎌야 했다.

"하늘이 나를 부지런하게 하려고 시련을 준 것이다."

-『자찬묘지명』

삶의 의미는 정답이 아니라 해석이다.

다산은 시련을 단지 견디지 않고,
자신을 다듬는 연마의 시간으로 삼았다.

지금 당신이 이유를 찾고 있다면 스스로에게 물어보자.

"나는 무엇을 위해 이 시간을 지나고 있는가?"

당신만의 길이 다시 보이기 시작할 것이다.

◎ 혼란속에서 방향을 찾다

허무함을 지나야 보이는 것들

"삶이란 찰나의 거울에 비친 안개 같은 것이다."
『다산시문집』

그렇게 열심히 달려왔는데
손에 남는 건 허무함뿐일 때가 있다.

간절히 바라던 것도 이루고 나면
기쁨은 왜 그리도 짧게 스쳐가는지!

삶의 모든 순간이 덧없게 느껴질 때,
다산은 그 허무를 피하지 않았다.

오히려 그 속에서 지금 이 순간의 의미를 되새겼다.

"삶이란 찰나의 거울에 비친 안개 같은 것이다."

- 『다산시문집』

모든 것은 머물지 않고 흘러간다.
그래서 지금 이 순간이 오히려 더 소중해진다.
허무함은 삶이 비어 있다는 뜻이 아니다.

오히려 '지금 여기'를 더 깊게 살아야 한다는
시간의 조용한 신호일지도 모른다.

◎ 혼란속에서 방향을 찾다

길이 달라졌을 뿐, 멈춘 건 아니다

"계획이 틀어진 것이 아니라, 길이 달라진 것이다."
『자찬묘지명』

계획대로 흘러가리라 믿었는데
예상과는 전혀 다른 방향으로 흘러갈 때가 있다.

틀어진 흐름 속에서 마음은 조급해지고,
지나온 선택들이 자꾸 뒤를 잡아끈다.

그러나 다산은 그런 순간이야말로
자신을 더 깊이 들여다볼 수 있는 문턱이라 여겼다.

"계획이 틀어진 것이 아니라, 길이 달라진 것이다."

- 『자찬묘지명』

다산도 과거에 급제하고 한양에서 유명했던 시절이 있었다.

하지만 그는 유배라는 예상 밖의 길을 통해
더 깊고 단단한 사상가로 거듭났다.

삶이 계획대로 흐르지 않는다고 해서
그 여정이 무의미한 것은 아니다.

길이 바뀌었을 뿐, 그 안에서도 성장은 계속되고 있다.

◎ 혼란속에서 방향을 찾다

늦었다는 생각이 들 때가 시작할 때

"늦었다는 생각이 들면, 지금이 시작할 때다."
『다산시문집』

나이가 들수록 새로운 시작이 망설여진다.

이제 와서 뭔가를 시작하기엔
이미 늦은 게 아닐까 싶은 생각이 자꾸 든다.

하지만 다산은 유배지에서 50이 넘은 나이에
수백 권의 책을 쓰기 시작했다.

다산은 나이가 시작의 걸림돌이 될 수 없다고 믿었고,
오히려 늦었다고 느끼는 그 순간이
가장 필요한 시작의 때라고 여겼다.

"늦었다는 생각이 들면, 지금이 시작할 때다."

- 『다산시문집』

지금이 가장 빠른 출발점일 수 있다.
중요한 건 시간이 아니라 결심이다.

늦었다고 생각하는 그 순간이
누군가에게는 부러움이 될 수 있는 용기의 시작이다.

◎ 혼란속에서 방향을 찾다

흔들렸다는 건, 진심이었다는 뜻이다

"실패는 스승이요, 바르게 이끄는 인도다."
『흠흠신서』

왜 이렇게까지 마음에 남는 걸까?

그냥 지나칠 수도 있었던 일인데,
그 작은 실수 하나가 자꾸 발목을 잡는다.

아무 일도 아닌 듯 웃어넘기고 싶지만
문득문득 고개를 드는 자책감에 나 자신이 괜히 작아진다.

다산도 수없이 실패를 겪었다.

출세의 문턱에서 좌절당했고,
개혁을 추진하다 거센 저항에 부딪혔으며,

결국 유배라는 혹독한 시련까지 받아들여야 했다.

다산은 실패를 길을 다시 묻는 기회로 여겼다.

쓰러짐은 방향을 다시 가다듬는 시간이며,
자신을 단단하게 만들기 위한 가장 조용한 훈련이었다.

"실패는 스승이요, 바르게 이끄는 인도자다."

- 『흠흠신서』

실패는 능력이 부족해서가 아니라,
삶이 다른 방향을 제시하고 있다는 신호일지 모른다.

작은 실패에 크게 흔들리는 건
그만큼 진심을 다해 살아왔다는 뜻이다.

실패는 끝이 아니다.
방향을 다시 세우는 또 하나의 시작이다.

다산이 그 실패 속에서 더 단단한 철학을 만들었듯,
당신도 그럴 수 있다.

◎ 혼란속에서 방향을 찾다

삶의 목적은 마음의 방향에 달려 있다

"무엇을 위해 이 길을 걷는가?"
『목민심서』

아침에 눈을 떠도 몸이 무겁고,
하루를 버텨도 왜 살아야 하는지 모르겠는 날이 있다.

일도 사람도 마음을 채워주지 못한 채
공허함만이 가슴 안에 자리 잡는다.

다산은 삶의 의미를 정해진 끝에서 찾지 않았다.

그에게 목적은 늘 걸어가는 방향 속에 있었고,
마음이 향하는 그곳에서 삶의 이유를 발견했다.

"무엇을 위해 이 길을 걷는가?"

- 『목민심서』

다산은 세상의 기준이 아닌 스스로의 양심과 뜻을 따라
삶의 방향을 정했다.

삶의 목적은 멀리 있는 거창한 무엇이 아니다.

지금 내가 어떤 마음으로 살아가고 있는가,
그 물음 속에 이미 목적이 담겨 있다.

당신이 가치를 두는 것부터 삶은 다시 시작될 수 있다.

◎ 스스로를 인정하는 시간

인정은 나로부터 먼저 시작되어야 한다

"세상 사람은 몰라도, 하늘은 알고 있다."
『애절양』

그렇게 애썼는데도 고맙다는 말 한마디 들리지 않을 때가 있다니, 참 서운하다.

혼자 버티고 있다는 느낌에
저녁이 괜히 더 쓸쓸하게만 다가온다.

하지만 다산은 그런 고요한 시간 속에서도 자신이 가야 할 길을 멈추지 않았다.

아무도 몰라도, 스스로는 알고 있었기 때문이다.

"세상 사람은 몰라도, 하늘은 알고 있다."

- 『애절양』

다산은 억울한 누명을 쓰고 18년간 유배지에서
고립된 삶을 살았다.

아무도 알아주지 않던 그 시간에도
그는 글을 쓰고, 백성의 삶을 고민하며
자신의 소명을 꺼뜨리지 않았다.

인정은 바깥에서 올 수도 있지만,
가장 먼저 해야 할 일은 스스로를 알아주는 일이다.

지금 당신이 하고 있는 모든 진심과 수고는
언젠가 당신의 삶을 조용히,
그러나 단단하게 만들고 있다.

당신은 당신을 인정할 수 있는
가장 믿을 만한 첫 번째 사람이다.

◎ 스스로를 인정하는 시간

스스로 떳떳하면 되는 것이다

"스스로 떳떳하면, 남의 눈치를 볼 이유가 없다."
『다산시문집』

더 나아져야 한다,
더 노력해야 한다는 말 앞에서
지금의 나는 언제나 부족해 보인다.

그러다 보면 어느 순간 나조차 나를 믿지 못하게 된다.

"나는 왜 이토록 흔들릴까? 이대로는 안 되는 걸까."

그런 생각이 들 때면
다산은 이런 말로 스스로를 다잡았다.

"스스로 떳떳하면, 남의 눈치를 볼 이유가 없다."

- 『다산시문집』

다산은 수많은 비난과 조롱을 견디면서도
자신이 옳다고 믿는 길을 걸었다.

그에게 중요한 건 남의 평가가 아니라
스스로에게 떳떳한가였다.

지금 당신이 흔들리는 건 나약해서가 아니라
진지하게 살아가고 있기 때문이다.

완벽하지 않아도 괜찮다.

그 안에 진심과 성실이 있다면,
당신은 이미 충분히 괜찮은 사람이다.

남의 말보다 더 중요한 건
당신 스스로를 지켜주는 가장 단단한 믿음이다.

◎ 스스로를 인정하는 시간

나답게 산다는 건

"사람은 하늘에서 각자의 뜻을 품고 내려온다."
『자찬묘지명』

사람들의 기대, 사회의 기준, 수많은 '이래야 한다'는 말들 속에서 나는 점점 작아지고 흐려진다.

나답게 산다는 게 왜 이토록 어려운 걸까?

다산은 각자의 삶에는 각자의 뜻이 있다고 믿었다.

"사람은 하늘에서 각자의 뜻을 품고 내려온다."

- 『자찬묘지명』

당신은 누군가의 기준을 채우기 위해 태어난 존재가 아니다.

다산은 고난 속에서도 자신의 뜻을 꺾지 않았고,

그 길 위에서 가장 자신다운 글과 사상을 남겼다.

나답게 산다는 건 세상과 부딪치지 않는 삶이 아니라,
스스로의 뜻을 잃지 않는 삶이다.

흔들려도 괜찮다.

다시 당신의 중심으로 돌아오면 된다.

2부

배움이 흔들릴 때 꺼내 보는 말들

- ◎ 배움이 멈춘 듯 보일 때
- ◎ 배움 앞에서 작아질 때
- ◎ 공부가 쓸모없어 보일 때
- ◎ 배움의 이유를 잃었을 때
- ◎ 배우는 법을 배우는 중

◎ 배움이 멈춘 듯 보일 때

끝까지 남는 건 멈추지 않는 마음

"나는 천성이 둔하고 기억력이 나빴다.
책 한 줄 외우는 데 남보다 네 배는 더 걸렸다."
『자찬묘지명』

"나는 왜 이렇게 머리가 나쁠까."

책을 몇 번이나 읽어도 머릿속에 남는 게 없고,
남들은 한 번에 푸는 문제를 나는 세 번을 꼬아서도
제대로 못 풀 때가 있다.

그럴 때면 도무지 내게는 재능이 없다는 생각이 들고,
그 생각 끝에는 늘 포기라는 말이 기다리고 있다.

'나는 안 되는 사람인가.'
그 자책은 쉽게 멈추지 않고, 마음을 천천히 짓눌러온다.

다산은 자신에 대해 이렇게 썼다.

**"나는 천성이 둔하고 기억력이 나빴다.
책 한 줄 외우는 데 남보다 네 배는 더 걸렸다."**

- 『자찬묘지명』

그는 스스로를 '천한 재주를 가진 사람'이라 했다.
겸손이 아니었다. 그건 솔직한 자기 고백이었다.

하지만 다산은 멈추지 않았다.
자신의 둔함을 부끄러워하거나 숨기지 않고,
그저 더디더라도 매일 한 걸음씩 앞으로 나아갔다.

남보다 빨리 가지 못한다면,
더 오래 걸으면 된다고 믿었다.

오늘 외우지 못한 구절은 내일 다시 외웠고,
오늘 이해하지 못한 문장은 다시 읽고 또 되뇌었다.
속도가 느려도 멈추지 않으면
결국 닿는다는 것을 그는 알고 있었다.

그렇게 하루하루를 쌓아 올린 끝에,
그는 조선 최고의 실학자가 되었다.

머리가 나빠서 힘든 게 아니다.
머리가 나쁘다고 믿는 마음이

스스로를 더 힘들게 만든다.

배움이란 처음부터 잘하는 사람의 것이 아니다.
끝까지 남아 있는 사람,
그 자리를 떠나지 않는 사람의 것이다.

느릴 수는 있다.
하지만 멈추지 않는다면,
그 길의 끝은 반드시 어딘가에 닿는다.
그리고 그 끝은 결코 헛되지 않다.

◎ 배움이 멈춘 듯 보일 때

배움은 기억보다 천천히 쌓이는 것

"약은 머리로 아는 것이 아니라,
손이 기억해야 쓸 수 있다."

『마과회통』

다산은 『마과회통』에서 이렇게 썼다.

"약은 머리로 아는 것이 아니라, 손이 기억해야 쓸 수 있다."

그는 글을 배우는 것도 마찬가지라고 보았다.

책장을 덮고 나면 아무것도 남지 않는 것 같아도,
그 시간들은 몸 안에 천천히 스며든다.

우리가 밥을 먹을 때마다 영양소를 기억하지 않아도,
몸은 자기가 필요한 걸 흡수한다.

배움도 그렇다.

한 문장을 외우지 못했더라도, 그 순간의 집중과 반복은
반드시 당신의 '감각'이 먼저 기억한다.

지식은 때로 기억보다 느림과 친하다.
다산은 그것을 믿었고, 그래서 멈추지 않았다.

◎ 배움이 멈춘 듯 보일 때

변화가 느려도 그 길이 배움이다

"앎이 익지 않으면, 도리어 나를 속이게 된다."
『목민심서』

아는 건 많은데 정작 달라지는 건 없다.

그렇게 나를 답답해하다 보면
스스로에게 지쳐버릴 때가 온다.

다산은 말한다. 삶으로 이어지지 않는 앎은
때로 자기 자신까지 속이게 만든다고.

"앎이 익지 않으면, 도리어 나를 속이게 된다."

- 『목민심서』

다산에게 지식은 머리가 아닌
몸으로 살아내는 것이어야 했다.

아는 것이 쌓인다고 해서
곧바로 사람이 달라지는 것은 아니다.

지금 변화가 더디게 느껴진다면 그건 당신이 느리더라도
진짜 배움을 향해 가고 있다는 증거다.

알고 있는 것을 천천히 살아내는 그 길 위에,
당신은 이미 서 있다.

◎ 배움이 멈춘 듯 보일 때

지금이 가장 좋은 시작일 수 있다

"사람이 배우기를 멈추는 순간, 늙는 것이다."
『다산시문집』

배움 앞에서 나이는 자꾸 마음을 무겁게 만든다.

지금 시작해도 될까,
끝마쳤을 땐 이미 늦은 게 아닐까.
그 망설임에 발걸음이 멈춰설 때가 있다.

다산은 배움을 멈추는 순간이야말로
진짜 늙는 때라고 말했다.

"사람이 배우기를 멈추는 순간, 늙는 것이다."

- 『다산시문집』

배움은 나이를 가리지 않으며, 오히려 나이가 들수록

더 깊고 절실한 배움이 시작된다.

다산은 말년에야 비로소 자신다운 글을 쓰기 시작했다.
늦은 것이 아니라, 지금이 가장 필요한 순간일 수 있다.
불안해하지 말고, 그 첫 장을 오늘 열어보자.

◎ 배움이 멈춘 듯 보일 때

지식보다 태도가 더 중요하다

"앎은 깊이보다 바름이 먼저다."
『경세유표』

왜 지식이 많은 사람 앞에 서면
괜히 작아지는 기분이 들까?

말이 줄고, 나 자신이 부족하게만 느껴질 때가 있다.
하지만 다산은 묻는다.

"많이 아는 것이 정말 중요한가?"

그는 언제나 바르게 아는 것의 가치를 먼저 생각했다.

"앎은 깊이보다 바름이 먼저다."

- 『경세유표』

모든 것을 아는 듯해도
그 지식이 삶과 멀다면 그건 껍데기에 불과하다.

당신이 가진 진심과 태도는
그 자체로 분명한 배움의 표현이다.

위축될 필요 없다.
당신의 속도와 방향을 스스로 믿어도 된다.

◎ 배움이 멈춘 듯 보일 때

잊고 있던 공부의 이유

"배움이란 세상을 바로 보기 위한 눈을 기르는 것이다."
『사학징』

어릴 적에는 좋은 대학을 위해,
어른이 된 뒤에는 좋은 결과를 위해 공부했다.

하지만 어느 순간 왜 공부를 해야 하는지
스스로도 잘 모르겠다는 생각이 들기도 한다

다산은 공부의 목적을
'세상을 올곧게 보는 눈'이라고 했다.

"배움이란 세상을 바로 보기 위한 눈을 기르는 것이다."

- 『사학징』

다산은 단지 글을 잘 읽고 쓰기 위해 공부하지 않았다.

불합리한 제도를 고치고,
백성의 고통을 이해하며,
정의로운 세상을 만들기 위해 배웠다.

공부는 나 하나 잘살기 위한 것이 아니라,
우리 모두가 더 나은 삶을 살아가기 위한
도구여야 한다고 그는 믿었다.

당신이 잃어버린 공부의 이유는
성적표가 아니라 삶 속에서 다시 찾을 수 있다.

세상을 더 넓게 보고,
사람을 더 깊이 이해하며,
자신을 더 단단히 만들기 위한 공부.

그 공부는 결코 헛되지 않다.

◎ 배움이 멈춘 듯 보일 때

나를 바꾸는 것이 진짜 공부다

"배움은 세상보다 먼저 나를 바꾸는 것이다."
『여유당전서』

배우고 익혀도 현실이 달라지지 않으면

이게 다 무슨 소용일까 싶다.

마음은 지치고, 배움의 열정도 점점 식어간다.

다산은 진짜 변화는 세상보다 '나'에게서 시작된다고 믿었다.

"배움은 세상보다 먼저 나를 바꾸는 것이다."

-『여유당전서』

변화는 바깥이 아니라 내 안에서 시작된다.

현실이 당장 달라지지 않더라도 당신의 생각과 시선과 태도는 조금씩 달라지고 있을 것이다.

세상이 그대로여도 내가 달라진 그 순간부터
삶은 이미 새로운 궤도에 들어선다.

◎ 배움 앞에서 작아질 때

배움은 스며드는 것이다

"책 한 권을 열 번 읽는 사람은,
열 권을 한 번 읽는 사람보다 깊다."
『사학징』

애써 외운 내용을 금세 잊을까 봐,
정리한 글이 다시 낯설게 느껴질까 봐
열심히 했던 공부가 헛되게 느껴지기도 한다.

'이럴 거면 왜 했을까' 싶은 마음에
의욕이 꺾이기도 한다.

다산은 반복 속에서 배움이 깊어진다고 믿었다.

"책 한 권을 열 번 읽는 사람은, 열 권을 한 번 읽는 사람보다 깊다."

- 『사학징』

다산은 책을 반복해서 읽었다.

처음에는 보이지 않던 것이
두 번째, 세 번째 읽을 때마다
다르게 다가온다고 믿었다.

기억은 사라질 수 있지만
반복은 그 기억을 깊이 새긴다.

다산에게 공부는 '축적'이 아니라 '침잠'이었다.
천천히, 그러나 꾸준히
자신 안으로 스며드는 과정이었다.

당신이 오늘 읽고 또 읽은 문장들은
당장은 희미할지 몰라도
어느 날, 삶의 순간에 자연스레 떠오를 것이다.

◎ 배움 앞에서 작아질 때

공부는 마음을 다스리는 훈련

"공부는 마음을 다스리는 일부터 시작된다."
『여유당전서』

책을 펼쳤는데 한 줄을 읽기도 전에
생각이 자꾸 다른 데로 흐른다.

집중하려 애써도
마음은 금세 산만해지고,
그런 나 자신이 괜히 못나 보이기도 한다.

다산은 그런 순간에도
집중은 타고나는 능력이 아니라
마음을 다스리는 훈련에서 비롯된다고 믿었다.

"공부는 마음을 다스리는 일부터 시작된다."

- 『여유당전서』

집중은 타고나는 능력이 아니라
조금씩 훈련되어 가는 습관이다.

흐트러지는 자신을 탓하기보다는,
오늘 한 줄이라도 진심을 담아 읽어보자.

그 한 줄이 마음을 다시 붙잡아줄 수 있다.

◎ 배움 앞에서 작아질 때

부족함은 배우려는 마음의 다른 이름

"지식은 끝이 없고, 앎은 겸손에서 시작된다."
『경세유표』

책을 읽고, 강의를 듣고, 삶에서 배우면서도
언제나 어딘가 부족한 것만 같다.

배워도 배워도 끝이 없고,
내가 아는 것은 너무 작게만 느껴진다.

다산은 진짜 앎은 겸손에서 비롯된다고 믿었다.

"지식은 끝이 없고, 앎은 겸손에서 시작된다."

- 『경세유표』

다산은 모든 것을 아는 사람보다
늘 배우려는 사람을 더 귀하게 여겼다.

완벽하려 애쓰기보다
늘 배우고자 하는 자세를 잃지 않는 것이
진짜 학문이라고 믿었다.

부족함을 느끼는 건 멈춰 있지 않다는 증거다.

그 겸손한 마음이야말로
가장 깊은 배움의 출발점이다.

◎ 배움 앞에서 작아질 때

닫힌 마음에는 아무것도 자라지 않는다

"지식은 멈추는 순간 썩기 시작한다."
『여유당전서』

이제는 더 배울 게 없다고 느껴질 때가 있다.

나도 이젠 좀 아는 사람 같고,
괜히 다른 사람 말에 귀를 닫고 싶어질 때도 있다.
하지만 속으로는 안다.

그 순간부터 배움은 멈추고,
머릿속 지식은 자라지 못한 채 조금씩 썩어간다는 걸.
다산도 그 점을 누구보다 경계했다.

"지식은 멈추는 순간 썩기 시작한다."

- 『여유당전서』

배움은 평생 이어져야 한다.

다산은 나이가 들어서도
하루 한 편의 글, 한 권의 책을 손에서 놓지 않았다.

겸손이야말로 가장 위대한 배움의 자세다.
오늘 다시 마음을 열어보자.
배움은 언제든 새롭게 시작될 수 있다.

◎ 공부가 쓸모없어 보일 때

설명하지 못하면 아는것이 아니다

"참된 이해는 남을 가르칠 수 있을 때 이루어진다."
『사학징』

책을 다 읽었는데
막상 누군가에게 설명하려 하니
무엇부터 어떻게 말해야 할지 막막해진다.

나는 제대로 이해한 걸까,
이게 다 무슨 소용인가 싶기도 한다.

다산은 진짜 이해란, 남에게 전할 수 있을 때
비로소 완성된다고 말했다.

"참된 이해는 남을 가르칠 수 있을 때 이루어진다."

- 『사학징』

다산은 수많은 제자를 가르치며
그 과정에서 자신의 사상을 더 깊이 다듬었다.

그는 배움이란
혼자 이해하는 데서 멈추지 않고,
다른 이와 나누며 완성된다고 믿었다.

지금 당신이 설명하지 못하는 건
부족해서가 아니라
더 깊이 생각할 기회가 온 것이다.

그 막힘을 풀어보려 애쓰는 그 과정에서
당신의 배움은 더 단단해지고 있다.

◎ 공부가 쓸모없어 보일 때

배움이 삶에 닿을 때 비로소 진짜가 된다

"공부란 결국 삶에 쓰이기 위해 존재하는 것이다."
『경세유표』

책에서 본 말은 멋지게 느껴졌지만
현실 앞에서는 아무 힘도 없어 보일 때가 있다.

배운 것과 사는 일이 따로 흘러가는 듯해
마음 한구석에 실망이 쌓여간다.

하지만 다산은 언제나 믿었다.
진짜 배움은 결국 삶에 쓰이기 위해 존재한다고.

"공부란 결국 삶에 쓰이기 위해 존재하는 것이다."
- 『경세유표』

다산은 실용을 중시했고,

그의 글은 늘 '어떻게 살아갈 것인가'에 닿아 있었다.

단지 옳은 말이 아니라,
삶에 닿는 쓸모 있는 지식을 추구했다.

지금 읽는 글이
당장은 도움되지 않을지라도
어느 날, 삶의 어떤 순간에서
당신을 지탱해줄 문장이 되어줄 수 있다.

◎ 공부가 쓸모없어 보일 때

가르친다는 것은 함께 생각하는 것이다

"가르침이란 전하는 것보다 함께 생각하는 것이다."
『목민심서』

누군가에게 무언가를 설명할 때면
'내가 과연 자격이 있을까'
'내 말이 도움이 될까' 하는 부담이 밀려온다.

다산은 가르침이란 앎을 전달하는 것이 아니라,
생각을 나누는 일이라고 했다.

"가르침이란 전하는 것보다 함께 생각하는 것이다."

- 『목민심서』

가르침은 정답을 말하는 일이 아니다.
함께 고민하고,

서로의 생각을 나누는 태도에서 시작된다.

완벽할 필요는 없다.
진심을 담아 함께 머무는 그 순간,
당신은 이미 누군가에게 좋은 스승이 되고 있다.

◎ 공부가 쓸모없어 보일 때

마음 깊은 곳에 남은 문장 하나

"배움은 흔들릴 때 붙잡을 수 있는
가장 단단한 줄이다."
『사학징』

힘든 시기를 지나고 나면 가끔 묻게 된다.
그때 나를 버티게 해준 건 과연 무엇이었을까?

사람이 아니었을 수도 있고,
결과나 환경도 아니었을 수 있다.

어쩌면 이름조차 잊은 책 한 줄,
언젠가 마음에 남았던 문장 하나가
가슴 깊은 곳에서 나를 붙잡아 주었던
기억이 떠오르기도 한다.

다산은 흔들리는 삶을 붙잡아주는 건 결국 배움이라 믿었다.

"배움은 흔들릴 때 붙잡을 수 있는 가장 단단한 줄이다."

- 『사학징』

그에게 배움은
고통 속에서도 자신을 지켜주는 버팀목이었고,
절망 속에서도 나아가게 하는 내면의 등불이었다.

지금 당신이 읽고 있는 그 한 줄,
당장은 조용해 보여도
삶의 깊은 곳에서 작은 불빛이 되어
당신을 지키고 있을지 모른다.

◎ 배움의 이유를 잃었을 때

배움은 사람을 사람답게 만든다

"사람은 배워야 비로소 사람이 된다."
『사학징』

하루하루 정신없이 살다 보면
책을 읽고 생각을 정리하는 일이
왜 이렇게 버겁게만 느껴질까!

당장 쓸모 있는 것도 아닌데,
굳이 이렇게까지 해야 하나 싶은 마음이 들고,
그 회의감이 조용히 마음을 파고든다.

다산은 왜 배워야 하는지에 대한 물음에 이렇게 답했다.

"사람은 배워야 비로소 사람이 된다."

- 『사학징』

그에게 배움은 단지 지식을 쌓는 일이 아니었다.

세상을 깊이 바라보고,
타인의 고통을 상상할 줄 알며,
자신의 한계를 직면하는 힘.
그 모든 것이 배움 안에 있다고 믿었다.

다산에게 배움은 곧 성찰이었고,
성찰은 더 나은 사람으로의 변화를 의미했다.

지금 당신이 하고 있는 공부는
당장은 손에 잡히지 않더라도
당신을 더 따뜻하고 강한 사람으로
조용히 변화시키고 있을지 모른다.

배움은 목적이 아니라 삶을 대하는 태도다.

◎ 배움의 이유를 잃었을 때

많이 아는 것보다 깊게 아는것이 필요하다

"지식은 넓히기보다 깊이 파야 한다."
『사학징』

배움에 열정이 생기면
더 알고 싶고, 빨리 알고 싶다는 마음이 앞선다.

하지만 그 욕심은 오히려
마음을 지치게 만들기도 한다.

다산은 지식은 넓히기보다 깊이 파야 한다고 강조했다.

"지식은 넓히기보다 깊이 파야 한다."

- 『사학징』

한꺼번에 모든 것을 알려 하지 말자.

한 문장을 천천히 곱씹는 것,
그것이 열 권을 빠르게 넘기는 것보다
더 오래 남고, 더 깊게 스며든다.

지식은 속도가 아니라
깊이에서 완성된다.

◎ 배움의 이유를 잃었을 때

조용히 시선이 달라지는 순간

"진짜 배움은 삶을 바꾸는 데에 있지 않고,
삶을 바라보는 시선을 바꾸는 데에 있다."
『다산시문집』

좋은 책을 읽었지만 감동은 오래가지 않았고,
자기계발도 했지만 삶이 크게 바뀌지 않았다.

배움에 기대했다가 실망한 경험이 있는가?

다산은 진짜 배움이란 삶을 바꾸는 것이 아니라,
삶을 바라보는 시선을 바꾸는 일이라 했다.

**"진짜 배움은 삶을 바꾸는 데에 있지 않고, 삶을 바라보는
시선을 바꾸는 데에 있다."**

- 『다산시문집』

다산은 세상을 바꾸기보다
자신을 다스리는 공부를 더 중요하게 여겼다.

배움은 외부의 성과가 아니라
내면의 감각을 바꾸는 일이다.

당신이 실망했던 그 순간조차,
배움은 조용히 당신 안에서
무언가를 조금씩 움직이고 있었는지도 모른다.

◎ 배움의 이유를 잃었을 때

혼란이 찾아올 때, 생각도 자라난다

"의심이 있는 곳에서 비로소 사유가 시작된다."
『사학징』

왜 이럴까? 알면 알수록 더 헷갈린다.

예전엔 분명해 보였던 것들이
이제는 하나같이 흐릿해진다.

다산은 이런 혼란이야말로
생각이 시작되는 지점이라고 믿었다.

"의심이 있는 곳에서 비로소 사유가 시작된다."

- 『사학징』

혼란은 배움의 실패가 아니라,
더 깊은 사고로 들어가는 문턱이다.

다산은 생각을 흔드는 질문을 두려워하지 않았다.

그 질문들이야말로
단단한 생각을 빚는 재료라고 믿었기 때문이다.

지금의 혼란은
지식이 흔들리고 있는 것이 아니라,
더 단단해지기 위해 자라고 있다는 증거다.

◎ 배우는 법을 배우는 중

공부의 끝은 사람을 이해하는 것

"사람을 모르면 세상을 논할 수 없다."
『목민심서』

책 속 이치는 이해가 되는데,
왜 사람 마음은 이토록 어렵게 느껴지고
현실 속 관계는 왜 자꾸만 어긋나는 걸까?

다산은 그런 혼란 앞에서 단호히 말했다.

"사람을 모르면 세상을 논할 수 없다."

- 『목민심서』

다산은 행정가이기 전에
사람을 깊이 이해하려 한 사람이었다.

수많은 민원을 직접 듣고,

백성 한 사람 한 사람의 마음에 귀를 기울였다.

공부의 끝은 결국 '사람'이다.

지식만으로는 알 수 없는
마음의 결, 말의 무게, 침묵의 사정들.

그것까지 읽어내는 것이
다산이 말한 진짜 공부였다.

◎ 배우는 법을 배우는 중

말실수는 배움을 이어가는 계기가 된다

"군자의 말은 벼슬이 아니어도 직책이 따르고,
백성의 말도 깊이 들을 줄 알아야 한다."
『목민심서』

사람들 앞에서 말실수를 했을 때,
그 장면은 머릿속에서 여러 번 반복 재생된다.

그 자리에 없던 사람에게까지 퍼졌을까 걱정되고,
말 한마디가 누군가에게 상처가 되었을까 마음이 무거워진다.

다산은 말의 무게는 벼슬이 아니라
태도에서 나온다고 보았다.

**"군자의 말은 벼슬이 아니어도 직책이 따르고,
백성의 말도 깊이 들을 줄 알아야 한다."**

- 『목민심서』

말이 가볍게 흘러가지 않도록 스스로 무게를 두는 것,
그것이 바로 말실수를 줄이는 첫걸음이었다.

다산은 또한 말했다.
"말은 물처럼 퍼지고, 물은 길을 가르지 않는다."

한 번 흘러간 말은 되돌릴 수 없다.

그러니 더욱 조심하고,
한 마디 더 생각한 뒤 말하는 습관을 들여야 한다.

말실수를 했다고 해서 모든 것이 끝나는 것은 아니다.

진심 어린 사과와 태도의 변화는
그 실수를 배움의 기회로 바꾸는 힘이 된다.

실수를 후회만으로 끝내지 않고,
내 말의 무게를 다시 다잡는 계기로 삼을 수 있다면
그 한마디는 당신을 성장시킬 것이다.

◎ 배우는 법을 배우는 중

공부는 나의 리듬으로 하는 것

"학문이란 사람의 성정에 따라 자연스레 흘러가야 한다."
『다산시문집』

남들은 요약을 잘한다는데
나는 정리보다 밑줄 긋는 걸 더 좋아하고,
누군가는 하루에 열 권을 읽는다지만
나는 한 문장을 곱씹는 데 하루가 걸릴 때도 있다.

다산은 공부란 억지로 끌고 가는 것이 아니라,
자기 성정에 맞게 흘러가야 한다고 말했다.

"학문이란 사람의 성정에 따라 자연스레 흘러가야 한다."

- 『다산시문집』

다산은 학문을 억지로 몰아붙이지 않았다.

자신의 성향, 체력, 시간, 환경에 맞게
조화롭게 배워가는 길을 더 중요하게 여겼다.

공부에는 정답 같은 방식이 없다.

당신의 방식으로, 당신의 리듬으로
배움을 꾸준히 이어가는 것이다.

◎ 배우는 법을 배우는 중

벼는 익을수록 고개를 숙인다

"배운 사람일수록 낮추고, 알수록 조용히 해야 한다."
『목민심서』

알면 알수록
혹시 나도 모르게 남을 무시하거나
아는 척하는 사람이 되어가고 있는 건 아닐까?

그런 생각이 문득 스스로를 멈추게 한다.

다산은 참된 배움이란
드러내는 것이 아니라
더 낮추고 조용히 실천하는 데 있다고 말했다.

"배운 사람일수록 낮추고, 알수록 조용히 해야 한다."

-『목민심서』

지식은 뽐내기 위한 것이 아니라
태도로 드러나야 한다.

조용히 알고, 겸손하게 실천하는 사람.
그 사람이 다산이 말한 진짜 배운 사람이다.

◎ 배우는 법을 배우는 중

완벽한 때는 없다, 지금이 가장 좋은 시작이다

"배움에 완벽한 때란 없다. 지금이 곧 가장 좋은 때다."
『여유당전서』

"시간이 없어서 못 읽었어."
"지금은 여유가 없어서…"
"상황이 나아지면 제대로 해볼 거야."

이런 말들이 익숙해질수록
우리는 배움에서 점점 멀어진다.

다산은 배움은 미루는 것이 아니라,
지금 시작하는 것이라 했다.

"배움에 완벽한 때란 없다. 지금이 곧 가장 좋은 때다."

- 『여유당전서』

다산도 녹록지 않은 상황 속에 있었다.

가족과 떨어진 유배지,
병든 몸, 불안한 생계.
그럼에도 그는 하루도 글을 놓지 않았다.

조용한 밤, 잠깐이라도 책상 앞에 앉았던 그 시간들이
결국 수많은 저술과 사상의 뿌리가 되었다.

지금 당신이 공부하기에 부족한 이유는 많을 수 있다.

하지만 단 하나의 진심이 있다면,
오늘 이 순간도 배움의 출발점이 될 수 있다.

3부

말과 태도의 힘

○ 말은 사라져도 책임은 남는다
○ 말없는 태도가 말이 될 때
○ 따뜻한 말이 관계를 살린다
○ 말은 습관이 아니라 인격이다
○ 감정이 말을 앞지를 때
○ 짧은 말이 더 멀리 닿는다

◎ 말은 사라져도 책임은 남는다

말의 무게는 살아온 길에서 나온다

"말의 무게는 목소리에서 나오는 것이 아니라,
살아온 길에서 나온다."
『다산시문집』

진심을 담아 말을 건넸는데
상대가 그냥 흘려보내는 걸 느낄 때가 있다.

열심히 전한 말이 대수롭지 않게 여겨지는 순간,
내 마음이 가벼워 보였던 건 아닐까
스스로를 탓하게 된다.

마음을 다해 건넨 말일수록
되돌아오지 않는 반응이 더 쓰라리다.

그럴수록 점점 말수가 줄고,

차라리 침묵이 나았을까 하는 생각이 든다.

다산은 말했다.

말의 무게는 목소리 크기에서 나오는 것이 아니라,

그 사람이 살아온 삶에서 비롯된다고.

**"말의 무게는 목소리에서 나오는 것이 아니라,
살아온 길에서 나온다."**

- 『다산시문집』

다산은 목소리가 크다고 말이 깊은 건 아니라고 했다.

오히려 조용한 말 한마디에

사람들이 귀를 기울인 것은

그가 그 말을 이미 살아낸 사람이었기 때문이다.

말을 무겁게 만드는 건

많이 아는 것도, 그럴싸한 표현도 아니다.

그 말을 품고 살아온 시간,

고요히 쌓인 체험,

말을 뱉기까지 삼킨 망설임.

그 모든 것이 말의 무게가 된다.

그 무게는 쉽게 만들어지는 것이 아니다.
시간이 쌓이고, 삶이 녹아들어야 한다.

지금 당신이 던지는 말이
가볍게 들린다고 해서
당신이 가벼운 사람인 건 아니다.

당신의 말은, 당신이 진심으로 살아낸 만큼
이미 충분히 무겁고, 충분히 깊다.

◎ 말은 사라져도 책임은 남는다

그 말을 하지 말 걸 그랬다

"말이 많으면 허물이 생기고,
허물이 쌓이면 신뢰가 무너진다."
『흠흠신서』

하루를 마무리하며
문득 떠오르는 장면이 있다.

'그 말은 하지 말걸.'
'굳이 그 얘기까지 꺼냈어야 했을까.'

입으로 쏟아낸 말들이
늦은 밤 마음을 무겁게 만들 때가 있다.

다산도 그런 순간을 누구보다 잘 알았다.
그는 어느 글에서 이렇게 적었다.

"말이 많으면 허물이 생기고, 허물이 쌓이면 신뢰가 무너진다."

- 『흠흠신서』

다산은 말이 많을수록
진심이 흐려지고 실수가 따라온다고 보았다.

그래서 그는 점점 입을 닫고
말보다 글에 집중했다.

유배지에서 쓸쓸한 시간을 견디며
말 대신 책임질 수 있는 문장을 남기려 애썼다.

말이 많았던 하루는
스스로를 돌아보는 귀한 기회다.

그 부끄러움이 오래 남는다면
그만큼 당신이 말의 무게를 알고 있다는 뜻이다.

내 말이 내 삶을 따라가지 못했다면,
다음에는 조금 더 조용히,
조금 더 깊게 말할 수 있을 것이다.

그렇게 하루하루 단단해지는 것이다.

◎ 말은 사라져도 책임은 남는다

하지 않아야 할 말을 아는 지혜

"해야 할 말을 모르는 게 아니라,
하지 않아야 할 말을 모르는 것이 문제다."
『여유당전서』

가끔은 말을 아껴야 할 타이밍을
뒤늦게 알아차리곤 한다.

이미 다 말하고 나서야
차라리 가만히 있었으면 좋았겠다는 후회가 밀려온다.

다산은 말의 시기와 침묵의 미덕을 누구보다 잘 알았고,
말의 지혜는 '해야 할 말'보다 '하지 않아야 할 말'을 아는 데
있다고 보았다.

"해야 할 말을 모르는 게 아니라, 하지 않아야 할 말을 모르는 것이 문제다."

- 『여유당전서』

그는 말의 시기를 놓치지 않기 위해
늘 한 번 더 생각했고,
어떤 말은 마음속에 묻어두는 선택을 했다.

침묵은 회피가 아니라
더 나은 말을 기다리는 신중함이다.

누군가를 다그치고 싶을 때,
말로 이기고 싶을 때,
상처받은 마음을 바로 드러내고 싶을 때,
그 순간에도 침묵이 줄 수 있는 여백과
그 안에 담긴 절제를 믿었다.

말보다 깊은 침묵이 있다.

그 침묵은 진심을 감추는 것이 아니라,
더 진중하게 꺼내기 위한 기다림일 수 있다.

◎ 말은 사라져도 책임은 남는다

늦은 사과라도 진심은 통한다

"잘못은 작을수록 먼저 인정해야 한다."
『목민심서』

사과할 타이밍을 놓치고 나면
한 마디를 꺼내는 일이
생각보다 더 어려워진다.

말을 꺼낼수록 변명처럼 보일까 봐
자꾸 망설이게 된다.

다산은 잘못이 클수록 늦어지기 쉽지만,
작을수록 먼저 인정하는 것이 지혜라고 말했다.

"잘못은 작을수록 먼저 인정해야 한다."

- 『목민심서』

그는 자신의 실수와 과오를
늘 스스로 먼저 돌아보며 기록했다.

잘못을 인정하는 것은 부끄러움이 아니라
신뢰를 시작하는 용기라고 믿었다.

사과는 타이밍의 문제가 아니라
결국 마음의 문제다.

조금 늦었더라도
지금, 진심을 담아 전하는 말이
가장 **빠른** 회복이 될 수 있다.

◎ 말은 사라져도 책임은 남는다

말은 사라져도 책임은 끝까지 남는다

"말이 뜻을 이끌지 말고, 뜻이 말을 이끌게 하라."
『여유당전서』

생각없이 툭 던졌던 말이
어느 날 나의 책임이 되어 돌아올 때가 있다.

"그렇게 말했잖아."

그 한마디 앞에서
말이 흔적처럼 내 삶을 따라온다는 걸 실감하게 된다.

다산은 말에 앞서 삶을 먼저 세우려 했다.
다산은 말이 뜻을 끌고 가기보다,
뜻이 말의 방향을 잡아야 한다고 보았다.

"말이 뜻을 이끌지 말고, 뜻이 말을 이끌게 하라."

- 『여유당전서』

그에게 말은 삶의 결과이자 실천의 반영이었다.

지켜낼 수 있는 말, 책임질 수 있는 말이
가장 가치 있는 말이었다.

우리는 종종 지키지 못할 말을 쉽게 내뱉는다.

하지만 그 말은
생각보다 멀리 가서
결국 내 신뢰를 만든다.

말은 지나가지만
그 말이 맺는 결과는
삶에 오래 남는다.

그래서 다산은
언제나 말보다 삶이 먼저여야 한다고 믿었다.

◎ 말없는 태도가 말이 될 때

신뢰할 수 있는 사람은 말은 아낀다

"입이 가벼운 자는 끝내 허물을 남기고,
말을 삼키는 자는 그 깊이를 드러낸다."
『형법지』

많은 말을 하지 않았는데도
어쩌면 그렇게 자연스럽게 신뢰를 주는 걸까!

설명하지 않아도
존중받는 사람을 보면 부럽기까지 하다.

그럴 때 깨닫게 된다.

과묵함은 부족함이 아니라,
오히려 단단한 힘이 될 수 있다는 걸.

다산은 그래서 말을 아끼는 사람이
진짜 깊은 신뢰를 얻는다고 말했다.

**"입이 가벼운 자는 끝내 허물을 남기고, 말을 삼키는 자는
그 깊이를 드러낸다."**

- 『형법지』

그는 말 많은 자는 처벌보다 더 먼저
사람들의 신뢰를 잃는다고 보았다.

그에겐 말수가 적다는 것은
신중함이었고, 품격이었다.

말을 아끼는 사람은
자신의 말보다 상대의 마음을 먼저 살핀다.

그 조심스러움이 곧 신뢰가 된다.
말이 없는 침묵이 아니라,
생각이 가득한 침묵.

다산은 조용한 사람을
가장 강한 사람이라 여겼다.

자신을 다스릴 줄 아는 사람.
그래서 더 멀리 가는 사람.

◎ 말없는 태도가 말이 될 때

말보다 먼저 배워야 할 것은 듣는 법

"잘 듣는 것이 말보다 앞선다."
『경세유표』

들어주고 싶다는 마음은 분명한데
왜 자꾸 내가 먼저 말하게 될까?

상대가 말을 다 끝내기도 전에
나도 모르게 끼어들고 만다.

그런 나 자신이 조금 부끄러워질 때가 있다.

다산은 말했다.
좋은 대화는 말을 잘하는 데서 시작되는 게 아니라,
마음을 다해 들어주는 데서 시작된다고.

"잘 듣는 것이 말보다 앞선다."

- 『경세유표』

진짜 대화는

말이 아니라 경청에서 시작된다.

말이 많아질수록

한 번쯤 침묵이 필요한 순간일지도 모른다.

◎ 말없는 태도가 말이 될 때

조용함 속에 감춰진 강한 신중함

"소리 없는 진심이 가장 깊은 설득이 된다."
『다산시문집』

왜 어떤 말보다 조용한 태도가
더 깊이 다가오는 걸까?

아무 말없이 곁에 있는 사람의 침묵에서조차
묵직한 신념이 느껴질 때가 있다.

다산은 그런 침묵이야말로 진심이 가장 깊게 전해지는 방식이라고 믿었다.

"소리 없는 진심이 가장 깊은 설득이 된다."

- 『다산시문집』

그는 말의 크기보다 마음의 밀도를 중시했고,

설명하지 않아도 드러나는 태도의 무게를
더 귀하게 여겼다.

지금은 말이 넘쳐나는 시대다.

빠르게 판단하고, 앞다투어 목소리를 높이는 가운데,
어떤 사람은 조용히 머물며 말하지 않음으로써
오히려 더 단단한 중심을 드러낸다.

◎ 따뜻한 말이 관계를 살린다

무례함 앞에서도 품위를 지키는 일

"예는 상대를 위해 베푸는 마음이다."
『목민심서』

왜 무례한 사람을 마주하면
나도 모르게 말투가 날카로워질까?

감정을 억누르려 해도
마음이 먼저 앞서갈 때가 있다.

그럴수록 더 지키기 어려운 게 바로 예의다.

다산은 예의란 형식이 아니라,
상대를 위한 마음에서 비롯된다고 말했다.

"예는 상대를 위해 베푸는 마음이다."

- 『목민심서』

예의는 단순한 형식이 아니라 타인을 위한 배려다.

상대가 무례할수록 더 단단하게 나를 지키기 위해
예의는 필요하다.

다산은 힘보다 품위로 사람을 이끄는 길을 택했다.

당신의 말에 담긴 존중은
당신의 격을 보여주는 거울이 된다.

◎ 따뜻한 말이 관계를 살린다

관계의 흐름을 바꾸는 한마디의 말

"말 한 줄이 화를 부르고, 또 평화를 부른다."
『목민심서』

조금 더 부드럽게 말했다면,
조금만 늦게 꺼냈다면
전혀 다른 결과가 나왔을지도 모른다.

말 한 마디가 관계를 만들기도 하고
깨뜨리기도 한다.

다산은 말 한 줄이 갈등을 부르기도 하고,
평화를 열기도 한다고 말했다.

"말 한 줄이 화를 부르고, 또 평화를 부른다."

- 『목민심서』

그는 말이 감정의 도구가 되어선 안 된다고 보았다.

말은 곧 행위이며,
언제나 결과를 만든다고 믿었다.

단어 하나를 고르기 전에
그 말이 만들 미래를 먼저 떠올려보자.

당신의 한 마디가 누군가의 마음을 살릴 수도 있다.

◎ 따뜻한 말이 관계를 살린다

말에는 마음의 품격이 드러난다

"말은 그 사람의 마음을 보여주는 거울이다."
『사학징』

어떤 사람은 말하는 것만으로도
자연스레 존중을 받는다.
많이 말하지 않아도, 단어 하나, 말투 하나에
그 사람의 품격이 고스란히 묻어나기 때문이다.

다산은 말이란 마음의 결을 비추는 거울이라고 보았다.
말을 통해 그 사람이 무엇을 소중히 여기고,
어떤 생각을 품고 살아가는지가 드러난다고 말했다.

"말은 그 사람의 마음을 보여주는 거울이다."

- 『사학징』

고운 말을 하려면
먼저 마음을 곱게 가꿔야 한다.
말은 입에서 나오는 것이 아니라,
마음에서 길러지는 것이기 때문이다.

품격 있는 말은 결국
품격 있는 생각과 태도에서 비롯된다.
말은 습관이지만, 그 습관은 결국 마음의 깊이에서 자란다.

◎ 따뜻한 말이 관계를 살린다

조언은 옳음보다 따뜻함이 먼저여야 한다

"말은 옳음보다 온기가 먼저여야 한다."
『목민심서』

왜 진심으로 도와주려 했던 말이
오히려 상처로 남을 때가 있을까?

가까운 사이일수록
그 경계가 더 쉽게 무너지는 건 아닐까?

마음은 앞섰지만,
말은 따뜻함보다 날카로움을 먼저 담았던 건지도 모른다.

다산은 말했다.
말은 옳기만 해서는 안 되며,
먼저 마음에 닿는 온기를 품어야 한다고.

"말은 옳음보다 온기가 먼저여야 한다."

- 『목민심서』

그는 정답보다 정성을 앞세웠다.

백성을 대할 때도
이해시키기보다 이해하려 했고,
틀렸다고 지적하기보다
스스로 돌아볼 수 있게 이끌었다.

조언이 따뜻함을 잃는 순간
그건 지적이 되고 만다.

상대를 돕고 싶다면
먼저 그 마음에 앉아보자.

거기서 시작되는 말은
비판이 아니라 지지가 된다.

◎ 따뜻한 말이 관계를 살린다

가까울수록 말은 조심스럽고 깊어야 한다

"말은 거리보다 신뢰에 맞춰야 한다."
『경세유표』

왜 그런 걸까?
마음 놓고 말할 수 있는 사람일수록
오히려 말이 더 거칠게 나갈 때가 있다.

"가까우니까 괜찮겠지"라는 생각으로 던진 말이
돌아보면 상처였던 적이 한두 번이 아니다.

다산은 그런 관계일수록
말에 더 큰 책임이 따라야 한다고 믿었다.
편안함이 말의 무게를 가볍게 만들어선 안 된다고.

"말은 거리보다 신뢰에 맞춰야 한다."

- 『경세유표』

그는 가까운 사이일수록
더 예의 바르고,
더 조심스럽게 말하는 것이
오래가는 관계의 비결이라고 여겼다.

친하다는 이유로 함부로 말하지 않는 것,
사랑하기에 더 아껴서 말하는 것,
그것이 다산이 말한 말의 책임이다.

편하다고 쉽게 말하지 말자.

가까운 사람일수록
그 말이 곧 관계의 깊이가 된다.

◎ 말은 습관이 아니라 인격이다

그 한마디가 마음에 오래 남는다

"말이 곧 법이 되고, 말이 곧 약이 될 수 있어야 한다."
『경세유표』

때로는 한 마디 말이
오랫동안 아물지 않을 상처가 되기도 하고,
또 다른 한 마디는
무너진 마음을 다시 일으키기도 한다.

다산은 말이 법이 되고,
말이 약이 되어야 한다고 믿었다.

"말이 곧 법이 되고, 말이 곧 약이 될 수 있어야 한다.
- 『경세유표』

그는 글로 제도를 바꾸고,

말로 백성의 고통을 보듬었다.

자신의 말이 사람을 살리는 힘이 되기를 바라며
더욱 신중하고 정직하게 말하려 했다.

지금 당신이 건넨 말이
당장은 스쳐 지나가도
그 마음 어딘가에
오래 남을 수 있다.

그렇기에 우리는 말을 고를 때
진심을 담아야 한다.

당신의 한 문장이
누군가에게 위로가 되고,
다시 살아낼 힘이 되기를 바란다면
말을 아끼는 연습부터 시작해야 한다.

◎ 말은 습관이 아니라 인격이다

말투는 습관이 아니라 인격이다

"그 사람을 알려거든, 그 사람의 말을 들으라."
『사학징』

누군가의 말투를 듣다 보면
그 사람이 걸어온 삶의 흔적이 느껴질 때가 있다.

다정한 말에는 따뜻한 시간이,
거친 말에는 아픈 마음이 스며 있기 마련이다.

다산은 그래서 말했다.
사람을 알고 싶다면
그 사람의 말부터 귀 기울여야 한다고.

"그 사람을 알려거든, 그 사람의 말을 들으라."

- 『사학징』

그에게 말이란
지식이나 유창함이 아니라 인격의 발현이었다.

말하는 방식에는 그 사람의 마음가짐과 배려,
품격까지 담겨 있다고 보았다.

아무리 좋은 뜻이라도
거친 말로 전해지면 마음을 닫게 되고,
짧은 말이라도 따뜻한 숨결이 실려 있다면
그 말은 오래 기억되어
신뢰와 존경으로 이어진다.

말투를 다듬는 일은
단지 말을 고치는 것이 아니라
나라는 사람을 다시 가꾸는 일이기도 하다.

◎ 말은 습관이 아니라 인격이다

진심은 기다림에서 완성된다

"참된 말은 때를 기다린다."
『목민심서』

내 진심을 말하고 싶지만
괜히 분위기를 해칠까 봐,
상대가 상처받을까 봐
입술 끝에서 말을 삼킬 때가 있다.
전하고 싶은 마음이 클수록
오히려 더 조심스러워진다.

다산은 진심을 전하고 싶다면
말보다 먼저 '때'를 읽어야 한다고 말했다.
진심은 아무리 옳아도,
때를 놓치면 외면당할 수 있기 때문이다.

"참된 말은 때를 기다린다."

- 『목민심서』

진심을 말하는 것도 용기지만,
그 진심이 닿을 순간을 기다리는 일은
더 깊은 배려이자 지혜다.
말은 빠르면 빠를수록 좋다고들 하지만,
진심은 느릴수록 더 멀리 닿는다.

솔직함이란 말의 속도가 아니라
그 말이 향하는 '방향'을 아는 데서 시작된다.

◎ 말은 습관이 아니라 인격이다

신뢰가 먼저 있어야 말이 닿는다

"믿음 없는 말은 바람 같고,
신뢰 위에 선 말은 무게가 있다."
『사학징』

왜 아무리 옳은 말을 해도
어떤 사람은 믿지 않으려 할까?

내가 정말 그런 말을 할 자격이 있을까?

말보다 먼저 돌아봐야 할 건
결국 내 삶의 무게일지도 모른다.

다산은 신뢰 없는 말은 흩날리는 바람 같고,
신뢰 위에 선 말은 사람을 움직인다고 보았다.

"믿음 없는 말은 바람 같고, 신뢰 위에 서 있는 말은 무게가 있다."

- 『사학징』

그는 말 이전에 삶의 진실함이 있어야
그 말이 사람에게 닿는다고 보았다.

당신의 말이 닿지 않는다면 더 많이 말하기보다
더 깊게 살아가는 쪽을 택해보자.

말은 줄여도 신뢰는 얼마든지 쌓을 수 있다.

◎ 말은 습관이 아니라 인격이다

그 말에 마음이 놓였다

"말은 입이 아닌, 마음으로 건네야 한다."
『목민심서』

"그 말 듣고 마음이 놓였어."
상대의 이 한마디에
말이 힘이 될 수 있다는 걸 느낀다.

조금은 따뜻하고, 조금은 단단했던 그 말이
흔들리는 마음을 붙잡아주었을 때.

다산은 말은 입으로 하는 것이 아니라,
마음으로 건네야 한다고 믿었다.

"말은 입이 아닌, 마음으로 건네야 한다."

- 『목민심서』

그는 말이 감정을 움직이고
사람을 살릴 수 있다고 믿었다.

조건 없는 공감, 조용한 확신이 담긴 한마디가
어떤 논리보다 깊이 스며든다.

오늘 당신의 말이
누군가를 조금 편안하게 만들었다면
그것 만으로도 충분히 잘한 하루다.

◎ 말은 습관이 아니라 인격이다

한 줄의 말, 누군가에겐 따뜻한 선물이 된다

"좋은 말 한 줄이 사람을 살릴 수도 있다."
『목민심서』

가볍게 건넨 한 마디는
누군가에게는 오랜 위로가 되기도 하고,
낯선 이의 하루를 환히 밝혀주기도 한다.

다산은 좋은 말 한 줄이,
사람을 살리는 힘이 될 수 있다고 믿었다.

"좋은 말 한 줄이 사람을 살릴 수도 있다."

- 『목민심서』

그는 말이 감정의 표현을 넘어
삶의 방향을 바꾸는 힘을 지닌다고 믿었다.

사려 깊은 조언, 다정한 위로, 묵묵한 지지가 담긴 말은
서로를 살리는 관계의 시작이 된다.

어떤 말은 물질보다 오래 기억되고,
어떤 말은 침묵보다 깊은 여운을 남긴다.

오늘 당신이 건넨 한 줄의 좋은 말이
누군가의 등을 토닥였다면,
그건 작지만 분명한 선물이다.

◎ 말은 습관이 아니라 인격이다

말 한마디로 인격이 드러난다

"말은 그 사람의 인격을 들여다보는 창이다."
『사학징』

긴 대화가 아니더라도
딱 한마디 말로
그 사람에 대한 인상이 바뀌곤 한다.
짧은 말이지만, 거기엔 삶의 태도와
평소의 마음가짐이 담겨 있다.

다산은 말 한 줄이
그 사람의 인격을 보여주는 창이라 말했다.
말을 통해 품성은 스며나오고,
그 사람의 중심이 드러난다고 보았다.

"말은 그 사람의 인격을 들여다보는 창이다."

- 『사학징』

단어 하나, 말투 하나에
그 사람의 생각과 태도, 삶을 대하는 방식이 드러난다.
무심코 던진 말이 상대에게 오래 남는 이유다.
말은 순간에 그치지 않고,
그 사람을 설명하는 또 하나의 얼굴이 된다.

당신이 건네는 한마디는
곧 당신의 얼굴이자, 당신이 품고 있는 세계가 된다

◎ 감정이 말을 앞지를 때

진짜 말은 태도로 전해진다

"말은 마음의 문을 열고, 태도는 마음의 빛을 비춘다."
『다산시문집』

말은 친절한데
표정은 딱딱하고,
말은 괜찮다고 하지만
눈빛은 그렇지 않을 때가 있다.
그럴 땐 말보다 표정과 태도가
더 솔직하게 마음을 말하고 있는지도 모른다.

다산은 말이 마음의 문을 열고,
태도는 그 마음에 빛을 비춘다고 말했다.
입으로 전하는 말이 진심이 되려면,
몸짓과 표정, 눈빛까지도

같은 마음에서 나와야 한다고 보았다.

"말은 마음의 문을 열고, 태도는 마음의 빛을 비춘다."
- 『다산시문집』

말과 표정, 말과 눈빛이
서로 어긋나지 않게 하자.
진심은 입술이 아니라 태도에서 시작된다.
가장 설득력 있는 말은
당신이 어떻게 살아왔는지를 보여주는 태도에서 나온다.

◎ 감정이 말을 앞지를 때

그 말이 상처가 되지 않도록

"타인의 말에 휘둘리지 말고,
내 마음의 중심을 지켜야 한다."
『여유당전서』

누군가의 무심한 말 한마디에
하루 종일 기분이 가라앉기도 하고,

평소엔 넘길 수 있었던 지적도
어느 날엔 유독 깊이 찔리기도 한다.

말은 참 쉽게 상처가 된다.

다산은 타인의 말에 휘둘리지 않으려면, 내 마음의 중심부터
단단히 세워야 한다고 말했다.

"타인의 말에 휘둘리지 말고, 마음의 중심을 지켜야 한다."

- 『여유당전서』

그는 인정받고 싶어 하는 마음이
사람 안에 자연스럽게 존재한다고 인정했다.

하지만 그 욕망이 클수록
더 쉽게 다치고, 더 쉽게 흔들린다고도 보았다.

타인의 말이 칼이 되지 않으려면
내 마음에는 방패를 품고 있어야 한다.

상대의 말에 모든 기준을 맡기기보다
내가 나를 바라보는 시선이 먼저 서 있어야 한다.

상처받지 않는다는 건
무뎌지는 것이 아니라
더 단단해지는 일이다.

◎ 감정이 말을 앞지를 때

감정이 앞서면 진심은 멀어진다

"감정이 먼저 튀어나오면,
이성은 그 뒤를 따라가지 못한다."
『다산시문집』

화가 나서 내뱉은 말,
서운해서 튀어나온 말이
상대를 다치게 만들고
결국 나 자신에게도 깊은 후회를 남긴다.
그 순간은 후련할지 몰라도,
돌이키고 나면 늘 아쉬움이 남는다.

다산은 감정이 먼저 튀어나오면,
이성이 그 말의 무게를 감당하지 못한다고 말했다.

감정이 앞서면 말은 방향을 잃고,
이성은 그저 뒤쫓기 바빠진다고 했다.

"감정이 먼저 튀어나오면, 이성은 그 뒤를 따라가지 못한다."

- 『다산시문집』

그는 감정이 앞선 말에는
진심도, 이성도 제대로 담기지 않는다고 보았다.
말이 마음을 대신해야 할 때는
조금 늦어도 괜찮다.
차분히 가라앉은 마음에서 나오는 말이
오히려 더 진실하게 닿는다.

감정이 가라앉은 뒤에 꺼낸 말이
더 오래 남고, 더 깊이 전해진다.
그 한마디가 관계를 회복하는 열쇠가 되기도 한다.

◎ 감정이 말을 앞지를 때

위로는 스스로에게 건네는 말에서 시작된다

"자신에게도 관용을 베풀 줄 알아야, 남을 품을 수 있다."
『다산시문집』

다른 사람에게는 위로를 잘하면서도
정작 나 자신에게는
"괜찮다"고 말해주지 못할 때가 있다.
남의 아픔에는 진심으로 공감하면서도,
내 상처 앞에서는 오히려 차갑고 엄격해진다.

다산은 자신에게도 따뜻한 관용을
베풀 줄 알아야
남의 아픔도 제대로 품을 수 있다고 말했다.

"자신에게도 관용을 베풀 줄 알아야, 남을 품을 수 있다."

- 『다산시문집』

스스로에게 따뜻해지는 연습이 먼저다.
위로는 외부에서 오는 말이 아니라,
내가 내 마음에 건네는
작고 조용한 말 한마디에서 시작된다.

내 말이 내 마음을 먼저 다독일 수 있을 때,
그 말은 타인의 마음에도 닿는다.
그제야 비로소,
그 말은 진짜 위로가 된다.

◎ 감정이 말을 앞지를 때

감정을 담은 말은 따뜻하되 넘치지 않아야 한다

"말은 감정의 그릇이지만,
넘치면 깨지고, 비면 공허하다."
『다산시문집』

감정이 많을수록 말은 자꾸 짧아지기도 하고,
때로는 반대로 지나치게 길어지기도 한다.

말로는 다 전하지 못할 마음이 쌓일 때가 있다.

다산은 말은 감정을 담는 그릇이지만, 넘치면 다치고 비면 닿지 않는다고 말했다.

"말은 감정의 그릇이지만, 넘치면 깨지고, 비면 공허하다."
- 『다산시문집』

그는 감정을 억누르지도 않고,
그대로 쏟아내지도 않았다.
말에 감정을 담되 그 감정이 말보다 앞서지 않도록
한 번 더 가다듬는 태도를 지녔다.

지금 당신이 전하고 싶은 마음이 있다면
말의 양보다 그 안에 담긴
진심의 온도를 먼저 살펴보자.

◎ 감정이 말을 앞지를 때

진실을 말하는 용기엔 책임이 따른다

"진실은 당장은 불편하지만,
결국 편안하게 만든다."
『경세유표』

불편한 진실을 말하는 일은
언제나 망설여진다.

분위기를 깰까 봐,
상대가 상처받을까 봐
말을 삼키는 순간이 많다.

다산은 진실은 당장은 불편해도,
결국 사람과 사회를 편안하게 만든다고 말했다.

"진실은 당장은 불편하지만, 결국 편안하게 만든다."

- 『경세유표』

그는 거짓된 평화보다
조금은 날카롭더라도
진심 어린 진실을 택했다.

다산이 남긴 글들은
기득권을 향해 날을 세웠지만,
결국 백성의 신뢰를 얻었다.

진실을 말한다는 건
상대보다 자신에게 더 엄격해야 가능한 일이다.

진심을 담고,
비난이 아닌 개선의 바람을 품을 때
그 말은 날카로운 칼이 아닌 빛이 된다.

당신이 지금 진실을 말하려 한다면,
그 말이 누군가를 찌르기보다
일으키는 쪽을 향하고 있는지
스스로에게 먼저 물어보자.

그렇다면, 충분히 말해도 좋다.

◎ 짧은 말이 더 멀리 닿는다

센스보다 진심이 오래 남는다

"재치보다 진심이 오래 간다."
『다산시문집』

저 사람은 참 말을 잘한다.
자연스럽게 분위기를 이끄는 센스도 있고,
듣는 사람마다 웃게 만드는 힘이 있다.

그런 모습을 볼 때면
나는 괜히 더 무뚝뚝하고 재미없는 사람처럼 느껴진다.

하지만 다산의 말이 떠오른다.
오래 기억에 남는 건
재치 있는 농담이 아니라
마음이 담긴 진심이라는 걸.

"재치보다 진심이 오래 간다."

- 『다산시문집』

말을 잘하는 것도 좋지만,
말에 마음이 담겨 있는 것이 더 중요하다.

다정한 한 마디는
오래 기억에 남는 언어가 된다.

◎ 짧은 말이 더 멀리 닿는다

비판은 찌르기보다 비추는 말이어야 한다

"책망은 칼이 아닌 거울이어야 한다."
『목민심서』

분명 잘못된 행동이라 그냥 넘길 수 없었는데,
왜 그렇게 말한 내가 오히려 오해를 사게 되는 걸까!

정의감에서 나온 말이었고,
분명 옳은 말을 했다고 믿었는데도
돌아오는 건 차가운 시선과 불편한 거리감뿐이다.

옳다는 말이 항상 옳게 받아들여지는 않는다는 걸
그제야 뼈아프게 느끼게 된다.

다산은 비판이란 상대를 찌르는 칼이 아니라,
스스로를 비춰보게 하는 거울이어야 한다고 말했다.

"책망은 칼이 아닌 거울이어야 한다."

- 『목민심서』

그는 사람을 변화시키는 비판은
상대의 잘못을 찌르는 것이 아니라
그가 스스로를 비춰보게 만드는
거울 같은 말이어야 한다고 보았다.

분노로 비판하면 방어가 돌아오고,
존중으로 말하면 성찰이 시작된다.

비판은 가장 섬세한 말의 기술이다.

그 말은 상대를 향한 것이기도 하지만,
동시에 나를 드러내는 일이기도 하다.

◎ 짧은 말이 더 멀리 닿는다

말은 마음을 건네는 다리가 된다

"말은 누군가의 마음을 옮기는 다리다."
『사학징』

말을 잘하지 못하는 사람을 보면
그 마음을 대신 전해주고 싶을 때가 있다.

말은 서툴지만 진심은 느껴져서,
괜히 내가 나서서 돕고 싶어진다.

말이란 누군가의 마음을 건너가게 하는 다리라고 했다.

그래서 말은 무엇보다
진심을 담아 옮겨야 한다고 믿었다.

"말은 누군가의 마음을 옮기는 다리다."

- 『사학징』

그는 말의 본질을
'이해'보다 '이해하게 해주는 것'에 두었다.

서툰 마음도, 무거운 감정도
따뜻한 말로 옮겨지면
관계는 비로소 이어진다.

누군가의 말을 대신 전할 때
당신의 말이 그 사람의 진심을 닮을 수 있다면
그건 단순한 전달이 아니라
진짜 다리가 되는 일이다.

◎ 짧은 말이 더 멀리 닿는다

말의 무게는 내용보다 타이밍에 달려있다

"말은 뜻보다 때가 먼저다."
『목민심서』

아무리 좋은 말이라도
너무 이르면 부담이 되고,
너무 늦으면 공허해진다.
진심이 담겨 있어도,
때를 놓치면 오히려 상처가 될 수 있다.

다산은 말은 아무리 옳아도
때를 놓치면 마음에 닿지 않는다고 보았다.
좋은 말도 잘못된 시점에 전해지면
그 의미는 반감되고, 진정성마저 의심받게 된다.

"말은 뜻보다 때가 먼저다."

- 『목민심서』

말의 내용만큼이나
언제, 어떻게 꺼내느냐가 중요하다.
말은 타이밍이라는 그릇에 담겨야
비로소 온전한 진심으로 전해진다.

말의 적절한 순간을 기다릴 줄 아는 사람이
결국 신뢰를 얻고, 마음을 얻는다.

◎ 짧은 말이 더 멀리 닿는다

진짜 위로는 귀 기울이는 태도에서 온다

"들을 줄 아는 사람이 말보다 마음을 전한다."
『여유당전서』

무슨 말을 해줘야 할지 몰라
그저 조용히 듣고만 있던 순간,
상대는 오히려
"그냥 들어줘서 고마워"라고 말한다.
말보다 먼저 닿는 건
상대를 향한 마음의 자세다.

다산은 말을 잘하는 사람보다,
잘 듣는 사람이 더 깊이
마음을 전한다고 말했다.

경청은 단순한 듣기가 아니라
상대의 감정에 함께 머무는 일이라고 보았다.

"들을 줄 아는 사람이 말보다 마음을 전한다."
- 『여유당전서』

말이 위로가 되기 어려울 땐
침묵과 귀 기울임이
더 큰 위로가 될 수 있다.
아무 말도 하지 않아도,
그 자리에 머무는 것만으로
이미 위로는 시작된다.

경청은 말없는 연대다.
그것은 함께 슬퍼하고, 함께 견디는
조용한 마음의 손잡음이다.

◎ 짧은 말이 더 멀리 닿는다

짧은 말이 진심을 더 또렷하게 전한다

"말은 짧을수록 뜻이 선명해진다."
『다산시문집』

말이 길어질수록
뭔가 더 설명하고 있다는 느낌은 드는데,
왜 진심은 오히려 멀어지는 걸까?

설득하려는 마음이
자칫 변명처럼 들릴 때도 있다.

다산의 말이 떠오른다.
말은 길어질수록 흐려지고,
오히려 짧은 말이 더 깊이 와닿을 수 있다고.

결국, 진심은 단순하고 선명해야 닿는 법이다.

"말은 짧을수록 뜻이 선명해진다."

- 『다산시문집』

간결한 말에는
생각의 깊이와 감정의 진심이 스며 있다.

말을 덜어낼수록
의미는 더 또렷해진다.

◎ 짧은 말이 더 멀리 닿는다

말은 마음이 먼저 다듬어야 한다

"말은 혀보다 마음에서 먼저 다듬어야 한다."
『다산시문집』

무언가를 말하려다가
입술 끝에서 멈춘 경험이 있을 것이다.

그 침묵이 결국 다행이었던 순간도 있고,
때론 아쉽게 남는 경우도 있다.

다산은 말이란 입보다 마음에서 먼저 완성되어야 한다고
강조했다.

"말은 혀보다 마음에서 먼저 다듬어야 한다."

- 『다산시문집』

말이란 떠오른 순간 바로 내뱉는 것이 아니라,

가슴속에서 몇 번이고 되씹은 뒤
나와야 한다고 하였다.

한 번 멈춘 말은 의도를 다듬고, 상대를 헤아리고,
스스로를 보호하는 여유가 된다.

말의 무게는 입보다 마음에서 먼저 만들어진다.

4부

일상 속에서
지켜야 할 마음들

- 드러내지 않아도 깊이는 전해진다
- 흔들려도 무너지지 않는 마음
- 작은 반복이 큰 변화를 만든다
- 조용한 배려가 오래 기억된다
- 조금 느려도 단단하게
- 실수에서 성장이 시작된다

◎ 드러내지 않아도 깊이는 전해진다

겸손은 자신을 지키는 단단한 태도

"겸손은 자신을 낮추는 것이 아니라
스스로를 바로 보는 것이다."
『다산시문집』

칭찬받고 싶다는 그 마음 하나 때문에
괜히 말을 조금 보태고 말았다니, 참 부끄럽다.

듣는 사람은 대수롭지 않게 여겼겠지만,
나는 그 짧은 말 한마디가 자꾸 마음에 걸린다.

말은 끝났지만 어색한 허세가 자리를 떠나지 않고,
왜 굳이 그런 말을 했을까 하는 후회가
조용히 따라붙는다.

괜히 스스로를 키우려다 마음이 작아진다.

들키지 않았는데도 들킨 것 같은 민망함이 남고,
그 민망함은 생각보다 오래 머문다.

다산은 말했다.
겸손은 남에게 잘 보이기 위한 꾸밈이 아니라,
스스로를 단단히 붙드는 힘이라고.

**"겸손은 자신을 낮추는 것이 아니라
스스로를 바로 보는 것이다."**

- 『다산시문집』

그는 남보다 앞서려 하지 않았고,
남을 이기기보다 늘 자신과 겨루었다.

겸손은 그에게 있어 체면을 낮추는 기술이 아니라,
스스로를 맑게 비추는 거울과도 같았다.

타인을 향한 외적 미덕이 아니라,
자기 자신을 곧게 세우는 내면의 훈련.
그 훈련이 쌓여 다산을 단단한 사람으로 만들었다.

지금 느껴지는 민망함은
당신이 진심으로 성숙하고 싶다는 뜻일지도 모른다.

부끄러움을 느꼈다는 건,

이미 당신이 그만큼 자라났다는 신호다.

허세를 알아차릴 줄 안다는 것,
그것은 성찰이 시작되었다는 조용한 증거다.

그리고 겸손이란,
그런 순간을 놓치지 않고 스스로에게 정직해지는 일이다.

◎ 드러내지 않아도 깊이는 전해진다

큰 사람은 조용하게 깊이를 드러낸다

"큰 그릇일수록 비워져 있고,
큰 사람일수록 조용하다."
『다산시문집』

왜 우리는 가끔 괜히 더 대단해 보이고 싶어질까?

말에 뿌듯함을 담아 자랑하고,
무심코 스스로를 부풀려 말하게 될 때가 있다.

하지만 말이 끝난 뒤,
마음 한쪽에 공허함이 남고
오히려 내가 더 작게 느껴질 때는 왜일까?

다산은 말했다.
진짜 깊이는 말이 아니라,

조용한 태도 속에서 드러난다고.

"큰 그릇일수록 비워져 있고, 큰 사람일수록 조용하다."

- 『다산시문집』

그는 진정한 깊이는 겉모습이 아니라
속의 여유와 품에서 드러난다고 보았다.

크다고 말하는 사람보다, 조용히 중심을 지키는 사람이
진짜 크고 단단한 그릇이다.

대단한 사람은 굳이 자신을 드러내려 애쓰지 않는다.

말이 아니라 태도에서,
겉이 아니라 깊이에서 자연스럽게 드러난다.

스스로를 과하게 포장하지 않아도 괜찮다.

있는 그대로, 성실하게 살아가는 태도가
사람의 진심을 보여주고, 진정한 신뢰를 이끌어낸다.

◎ 드러내지 않아도 깊이는 전해진다

정직한 길은 돌아가도 멀리 간다

"정직은 더디게 돌아가지만 결국 가장 멀리 간다."
『여유당전서』

정직하게 말했고 바르게 행동했는데도
오히려 손해를 보는 순간을 마주할 때가 있다.

진심을 다했지만 아무런 결과도 돌아오지 않고,
옳은 길을 선택했는데도
억울함과 허탈함이 마음을 흔들기도 한다.

정직은 당장은 손해처럼 보여도
결국 가장 멀리 가는 길이라고 그는 믿었다.

"정직은 더디게 돌아가지만 결국 가장 멀리 간다."

- 『여유당전서』

그는 빠른 성과나 즉각적인 보상보다,
시간이 지나도 무너지지 않는 태도를 더 가치 있게 여겼다.

정직은 당장은 손해처럼 보여도, 결국에는 가장 튼튼한 다리가
되어 당신을 지켜주는 힘이 된다.

바른 길을 걷는다는 자부심은 언젠가 그 어떤 성과보다 값진
결과로 돌아올 것이다.

◎ 드러내지 않아도 깊이는 전해진다

빛날수록 낮출 줄 아는 사람

"시기의 마음은 어둠에서 오고,
겸손의 태도는 빛으로 이끈다."
『목민심서』

누구보다 열심히 노력해서
마땅한 성과를 얻었는데도
오히려 불편한 시선과 시기를 받게 될 때가 있다.

정당한 결과였음에도
괜한 오해와 질투를 감당해야 하고,
기뻐야 할 순간에 마음은 무거워진다.

억울함과 피로감이 함께 밀려오지만
다산은 그런 상황일수록

스스로의 태도를 낮추는 일이
사람의 깊이를 보여주는 방식이라고 보았다.

"시기의 마음은 어둠에서 오고, 겸손의 태도는 빛으로 이끈다."

- 『목민심서』

그는 시선을 피하려 애쓰는 대신,
스스로의 태도를 낮추는 데 집중했다.

빛날수록 더 조용해지고, 높아질수록 더 겸손해지는 사람은
결국 사람들의 시선을 견뎌내는 힘을 갖게 된다.

결국 시선은 사라지고, 태도는 남는다.

괜한 시선을 두려워하기보다,
스스로의 진심과 겸손을 지켜내는 것이 더 중요하다.

당신이 걸어온 그 정직한 길은
누구도 쉽게 흔들 수 없는 당신만의 빛이다.

◎ 드러내지 않아도 깊이는 전해진다

스스로를 다잡는 의지가 나를 만든다

"자기를 다스릴 줄 아는 자가
진짜 학자이자 지도자이다."
『사학징』

하루에도 몇 번씩
그냥 다 내려놓고 싶다는 생각이 스쳐간다.

게으름이 고개를 들고,
이유 없는 무기력이 따라붙는다.

그럴 때마다 스스로를 다잡으며
아주 작은 일부터 다시 시작해보려 한다.

누구에게 보여주기 위한 게 아니라,
나 자신을 지키기 위한 조용한 결심이다.

다산은 진정한 배움이란
남을 가르치기 전에
먼저 스스로를 단속하는 데서 시작된다고 믿었다.

"자기를 다스릴 줄 아는 자가 진짜 학자이자 지도자이다."
- 『사학징』

그는 다른 사람에게 무언가를 가르치기 전에
먼저 자기 자신을 단속했고,
삶의 태도와 습관 하나하나를 점검하며 살아갔다.

자기 자신을 가장 엄격한 스승으로 삼았던 사람이었다.

오늘 당신이 기울인 그 작은 성실은
어제보다 나은 내가 되고자 하는 조용한 의지다.

누가 보지 않더라도, 그런 하루하루가 쌓이면 반드시 당신을
더 좋은 방향으로 이끌어줄 것이다.

진짜 성장은 바로 그 마음을 다잡는 순간부터 시작된다.

◎ 흔들려도 무너지지 않는 마음

절제는 마음을 지키는 단단한 울타리

"마음을 이끄는 자는 자유롭고,
욕망에 끌리는 자는 속박된다."
『여유당전서』

당장 사고 싶고,
한마디만 더 하고 싶고,
지금 아니면 안 될 것 같은 마음이 밀려올 때가 있다니,
참 강렬하다!

하지만 그 순간을 겨우 넘기고 나면
마음이 거짓말처럼 가벼워진다.

참느라 억지로 눌렀다고 생각했는데,
돌이켜보면 그건 나를 지켜낸 선택이었다.

다산은 욕망에 휘둘리는 삶은 결국 속박일 뿐이며,
마음을 다스리는 사람만이 진짜 자유를 누릴 수 있다고 했다.

"마음을 이끄는 자는 자유롭고, 욕망에 끌리는 자는 속박된다."

- 『여유당전서』

그는 욕망을 절제하는 삶이야말로
진정한 자유로 가는 길이라고 보았다.

절제는 감정을 억누르는 고통이 아니라,
이성의 언어이며 스스로의 중심을 지키는 힘이다.

감정에 휘둘리지 않고 선택할 수 있다는 것만으로도
삶은 더 깊어진다.

지금 당신이 참아낸 그 하나가,
당신의 품격과 방향을 지켜주는
가장 단단한 울타리가 되어줄 것이다.

◎ 흔들려도 무너지지 않는 마음

망설일 수는 있어도 놓쳐선 안 된다

"머무르되 멀어지지 말고, 망설이되 놓치지 마라."
『다산시문집』

결정을 내려야 하는 순간,

생각이 많아질수록 오히려 더 못 고르게 된다.

마음은 복잡해지고,

결국 "조금만 더 생각하자" 하며 미루게 된다.

그러다 보면 어느새 기회는 지나가 있고,

아무것도 선택하지 못한 나 자신에게 실망하게 된다.

다산은 말한다.

망설이는 건 괜찮지만,

결정을 미뤄 타이밍을 놓치는 일만큼은

반드시 경계해야 한다고.

"머무르되 멀어지지 말고, 망설이되 놓치지 마라."

- 『다산시문집』

그는 충분한 고민과 신중함을 강조했지만,

머뭇거림으로 기회를 놓치는 것은 안 된다고 경계했다.

때로는 완벽한 준비보다

용기 있는 한 걸음이 더 나은 결과를 이끌어낸다.

결단은 두려움을 이기는 마음에서 나온다.

망설이는 자신을 책망하기보다,

지금 이 순간 작게라도 움직여보는 것이 중요하다.

한 걸음을 내딛는 순간, 그 길은 조금씩 분명해지고,

마음은 더 단단해진다.

◎ 흔들려도 무너지지 않는 마음

속도보다 방향에 마음을 두어야 한다

"속도에 마음을 맡기지 말고,
방향에 마음을 붙들어라."
『다산시문집』

결과가 빨리 나와야 마음이 놓이고,
기다리는 시간은 괜히 불안하게만 느껴진다.

앞서가는 사람들을 볼수록 조급해지고,
지금 이 속도로는 안 될 것 같다는 생각이
자꾸 마음을 흔든다.

애쓰고 있음에도 지치고 초조해지는 건
그 조급함 때문인지도 모른다.

다산은 말했다.

속도보다 더 중요한 건
끝까지 흔들리지 않고 방향을 지키는 일이라고.

"속도에 마음을 맡기지 말고, 방향에 마음을 붙들어라."
- 『다산시문집』

그는 느린 걸음이라도 올바른 방향으로 나아가는 사람은
결국 도달한다고 믿었다.

조급함은 결과를 앞당기지 못하고,
오히려 실수와 후회를 더 빠르게 불러오는 법이다.

지금 당신이 걷고 있는 그 길이 맞다면,
속도는 중요하지 않다.

당신이 서 있는 자리에서 묵묵히 나아가고 있다면,
그건 충분히 괜찮은 걸음이다.

조급한 마음을 내려놓고 방향을 다시 바라보는 것,
그것이 결국 당신을 가장 멀리 데려다줄 것이다.

◎ 흔들려도 무너지지 않는 마음

흔들릴수록 마음을 단단히 가라앉혀야 한다

"마음이 흔들릴수록 더 낮고 깊게 가라앉아야 한다."
『여유당전서』

왜 이렇게 작은 말에도 상처를 받을까?
사소한 일인데도 자꾸 마음이 흔들리고,
그런 내 모습에 스스로 실망하게 된다.

감정을 다스리고 싶지만
생각처럼 쉽게 되지 않는 날이 계속된다.

다산은 그런 순간일수록
감정을 억누르려 하기보다
마음을 깊이 가라앉히며
중심을 지키는 연습이 필요하다고 말했다.

"마음이 흔들릴수록 더 낮고 깊게 가라앉아야 한다."

- 『여유당전서』

그는 감정을 억지로 억누르기보다,
흔들리는 마음을 스스로 다스리는 법을 익히는 것이
중요하다고 보았다.

억제보다 중요한 것은 가라앉히는 연습이다.

흔들릴수록 더 낮고 깊은 자리에서
중심을 세우는 법을 배워야 한다.

지금 당신이 느끼는 답답함은
감정을 외면하고 있어서가 아니라,
잘 다루고 싶은 마음이 크기 때문이다.

그 마음을 부끄러워하지 말고,
차분히 가라앉히는 법을 익혀가자.

평정심은 한순간의 억제가 아니라,
조용한 반복 속에서 만들어지는 가장 단단한 기둥이다.

◎ 흔들려도 무너지지 않는 마음

조용한 하루의 성실함이 삶을 만든다

"조용하고 꾸준한 하루가 위대한 인생을 만든다."
『사학징』

오늘은 특별한 성취도 없었고,
누구에게 인정받은 일도 없었다.

그런데 이상하게 마음은 편안하다.

큰일 없이 하루를 무탈하게 마무리했다는 것만으로
스스로를 잘 지켜냈다는 안도감이 남는다.

다산이 좋아했던 삶도
어쩌면 바로 이런 하루였을 것이다.

조용하지만 흐트러지지 않은 하루.

그런 날이 쌓여 인생을 만든다는 걸
이제는 조금 알 것 같다.

"조용하고 꾸준한 하루가 위대한 인생을 만든다."

- 『사학징』

그는 눈에 띄는 업적보다,
자기 자리를 묵묵히 지켜내는 사람을 더 깊이 존경했다.

거창한 일이 없더라도 작은 책임을 다하고,
사소한 인내를 놓치지 않는 하루의 성실함이야말로
가장 위대한 삶의 바탕이라고 믿었다.

오늘도 어김없이 일어나고, 해야 할 일을 해내며,
마음의 중심을 놓치지 않았다면,
당신은 충분히 잘 살아낸 것이다.

위대한 날은 많지 않다.

조용한 날들이 차곡차곡 쌓이면,
결국 그 사람은 누구보다 단단해진다.

◎ 흔들려도 무너지지 않는 마음

성장은 한계를 인정하는 용기에서 시작된다

"자신을 아는 것이 성장을 향한 첫걸음이다."
『다산시문집』

무리하지 않겠다고 다짐했지만
그렇다고 멈춰 서고 싶지도 않을 때가 있다.

자신의 능력과 한계를 분명히 알면서도
아직 한 걸음 더 나아가고 싶은 마음이 남아
스스로 흔들릴 때가 있다.

우리는 이 간극 속에서
자주 고민하고, 방황하게 된다.

다산은 말했다.
스스로를 과장하지도, 깎아내리지도 않고

정확히 아는 것이

진짜 성장을 향한 첫걸음이라고.

"자신을 아는 것이 성장을 향한 첫걸음이다."

- 『다산시문집』

그는 과장도 과소평가도 모두 경계했다.

자신의 능력을 뻥튀기하지도 않았고,
괜히 스스로를 깎아내리지도 않았다.

오히려 자신의 한계를 정확히 아는 사람만이
가장 현명한 선택을 할 수 있다고 믿었다.

한계를 안다는 건 멈춘다는 뜻이 아니다.

오히려 더 나은 방향을 찾고,
더 단단한 기반 위에서 다시 나아가려는 준비다.

지금 당신이 고민하고 있다는 사실은,
이미 다음 단계로 가기 위한 마음의 시동이 걸렸다는 증거다.

스스로를 바로 아는 사람은
끝까지 자신을 지켜내며 앞으로 나아간다.

◎ 흔들려도 무너지지 않는 마음

평판보다 기준

"남의 평판보다 내 안의 기준을 먼저 세우라."
『다산시문집』

모두가 아니라고 말하는 길인데,
어쩌면 그 길이 나에게는 꼭 맞는 것처럼 느껴질까!

시선은 부담스럽고, 비난은 두렵지만
마음 한켠은 그 선택을 도저히 포기할 수가 없다.

세상의 기준과 내 기준이 어긋날수록
갈등은 깊어지지만,
양심은 조용히 제 길을 지켜낸다.

다산은 말한다.
주변의 평판보다 내면의 기준을 따라 사는 것이

진짜 떳떳함이라고.

"남의 평판보다 내 안의 기준을 먼저 세우라."

- 『다산시문집』

그는 권력의 눈치를 보기보다,
자기 신념과 원칙에 따라 움직였다.

사람들에게 잘 보이는 길이 아니라,
자기 양심 앞에서 떳떳한 길을 선택했다.

외부의 기준에 흔들리기보다,
내면의 기준에 집중했던 사람이었다.

모두가 반대하더라도,
당신이 선택한 길이 스스로에게 부끄럽지 않다면,
이미 그 길은 옳은 방향을 향하고 있다.

정답은 때로 다수가 아닌, 자신의 중심에서 나온다.

지금 그 중심을 지키고 있다면,
당신은 잘 가고 있는 중이다.

◎ 흔들려도 무너지지 않는 마음

멈추지 않는 마음이 중요하다

"회복의 속도는 정해져 있지 않다.
다만, 멈추지만 않으면 된다."
『다산시문집』

왜 나는 이렇게 오래 걸릴까?
다른 사람은 금방 잊고 다시 웃는 것 같은데
나는 아직도 마음 한구석에 머물러 있다.

상처가 쉽게 아물지 않아 조바심이 나고
자꾸만 스스로를 느리다고 탓하게 된다.

다산은 말했다.
회복은 누가 더 빠르냐의 문제가 아니라
멈추지 않으려는 마음에서 시작된다고.

"회복의 속도는 정해져 있지 않다. 다만, 멈추지만 않으면 된다."

- 『다산시문집』

그는 몸이 아플 때도,
마음이 무너졌을 때도
스스로를 몰아세우기보다
조용히 자신에게 관대해지는 법을 택했다.

속도가 느리더라도
그 길을 걷고 있다는 사실 자체가
이미 회복의 일부라고 믿었다.

조금 더디더라도,
멈추지 않고 나아가고 있다면 괜찮다.

지금 당신이 느리고 답답하게 느끼는 그 순간은
'제자리'가 아니라 '천천히 가는 중'이다.

마음을 다잡고 한 걸음씩 이어가는
지금의 당신이야말로,
가장 단단하게 회복하고 있는 중이다.

◎ 흔들려도 무너지지 않는 마음

흔들리지 않는 태도가 신뢰를 만든다

"기분을 이기는 사람만이 신뢰를 쌓을 수 있다."
『여유당전서』

기분이 좋을 땐 누구에게나 다정한데,
감정이 흐트러지는 순간
말투와 태도가 달라지는 내 모습을 볼 때가 있다.

그런 한결같지 못한 모습에
나 스스로도 실망하게 된다.
그래서 더 단단한 사람이 되고 싶다는 마음이 생긴다.

다산은 말했다.
기분에 따라 흔들리지 않고
언제나 같은 태도로 사람을 대할 줄 아는 사람,
그에게서 진짜 신뢰가 비롯된다고.

"기분을 이기는 사람만이 신뢰를 쌓을 수 있다."

- 『여유당전서』

그는 기분이나 상황에 휘둘리지 않고,
언제나 한결같은 태도로 벗과 백성을 대했다.

감정에 끌리지 않고 중심을 지키는 태도야 말로
진짜 품격이라고 믿었다.

그 품격은 순간의 기분이 아닌,
쌓인 신뢰에서 비롯된다.

당신의 평정심은 결코 작지 않다.

누군가에게는 그 한결같음이
가장 믿을 수 있는 힘으로 다가간다.

기분이 아닌 태도로 살아가려는 당신의 마음이
결국 당신을 단단한 사람으로 만들어줄 것이다.

◎ 흔들려도 무너지지 않는 마음

품격은 보이지 않는 순간에 드러난다

"진짜 기품은 보이지 않는 순간에도
스스로를 단속하는 것이다."
『여유당전서』

정말 중요한 건 언제 드러날까?

남들이 보지 않는 순간,
그 사람의 진짜 태도와 마음이 더 선명해지는 것 같다.

아무도 보지 않아도
스스로를 다잡고, 품위를 잃지 않으려는 자세.

그건 하루아침에 만들어지는 게 아니다.

다산은 그렇게 말했다.

사람의 품격은 누가 보고 있을 때가 아니라,
아무도 보지 않을 때 가장 분명히 드러난다고.

"진짜 기품은 보이지 않는 순간에도 스스로를 단속하는 것이다."

- 『여유당전서』

그는 타인의 평가가 없는 자리에서도
늘 같은 태도를 유지했다.

작은 습관, 사소한 선택, 말 한마디까지도
스스로를 단속하는 기준으로 삼았다.

보이지 않는 태도가 결국 가장 오래 남는
인격의 바탕이 된다는 걸 그는 삶으로 증명했다.

지금 당신이 누군가의 눈에 띄지 않더라도,
스스로를 다잡고 품위를 지키고 있다면,
그건 가장 깊은 예의를 실천하고 있는 것이다.

진짜 품격은 보이는 순간이 아니라,
보이지 않는 시간 속에서 완성된다.

◎ 작은 반복이 큰 변화를 만든다

더 나아지기를 원한다면 나부터 깊게 돌아보라

"사람을 가꾸는 일은 자신의 마음을
돌보는 일에서 시작된다."
『다산시문집』

지금의 나도 나쁘진 않은데,
왜 이렇게 어제보다 더 나아지고 싶다는 마음이
자꾸 드는 걸까!

조금은 더 단단해지고 싶고,
더 깊은 사람이 되고 싶다는 바람이 찾아온다.

그런데 그 변화, 대체 어디서부터 시작해야 할까?

다산은 말했다.
진짜 성장은 남을 바꾸는 데서가 아니라,

자기 마음을 깊이 들여다보는 데서부터 시작된다고.

"사람을 가꾸는 일은 자신의 마음을 돌보는 일에서 시작된다."

- 『다산시문집』

그는 학문보다 먼저,
자기 자신을 돌아보는 일을 중요하게 여겼다.

자기 마음을 다듬고,
말투를 고치고,
행동을 돌아보는 일.

변화는 거창한 계획이 아니라
조용한 성찰에서 시작된다.

더 나은 내가 되고 싶다면,
더 깊은 나를 먼저 마주해야 한다.

그 깊이는 남이 만들어주는 것이 아니라,
스스로 묻고 다듬는 시간 속에서 자란다.

오늘의 작은 성찰이 내일의 더 나은 나를 만든다.

◎ 작은 반복이 큰 변화를 만든다

버티는 힘은 조용하지만 가장 강하다

"버티면 흔들릴 수 있어도 무너지지는 않는다."
『사학징』

버틴다는 건
특별한 능력도 아닌 것처럼 느껴질 때가 있다.

하지만 돌아보면
가장 힘들었던 순간마다
그저 묵묵히 버텨낸 기억들이
지금의 나를 여기까지 데려다 주었다는 걸 깨닫게 된다.

그때는 별것 아닌 것처럼 보였지만, 지나고 보니
바로 그것이 가장 강한 힘이었다.

다산은 그런 버팀의 철학을 지닌 사람이었다.

"버티면 흔들릴 수 있어도 무너지지는 않는다."

- 『사학징』

그는 억울한 유배를 당하고,
가족과 떨어진 외로운 시간을 보내면서도
한 번도 삶을 놓지 않았다.

그가 가진 힘은 특별한 능력이 아니라,
작은 마음을 단단히 쥐고 있던 일상의 성실함이었다.

버티는 일은 지루하고 초라해 보일 수 있다.
하지만 오늘을 통과하는 가장 지혜로운 방식이다.

포기하지 않았다는 것,
그 하나만으로도 당신은 이미 충분히 강한 사람이다.

조용히, 그러나 단단히 견디고 있는 당신의 힘은
결코 작지 않다.

◎ 작은 반복이 큰 변화를 만든다

진심을 다했다면 충분한 것이다

"진심을 다한 일엔 미련을 두지 않는다."
『여유당전서』

결과가 기대만큼 나오지 않아 아쉬울 수 있다.

하지만 그 과정 속에서
정말 최선을 다했다면
이미 충분히 잘해낸 것이다.

남들이 알아주지 않아도,
결과가 눈에 띄지 않아도,
진심을 다해 임했던 그 마음만큼은
스스로 기억할 가치가 있다.

다산은 말했다.

일이 크든 작든 마음을 다한 사람에게는
그 자체로 이미 값진 결과가 남는다고.

"진심을 다한 일엔 미련을 두지 않는다."

- 『여유당전서』

그는 결과보다 마음의 태도를 더 중요하게 여겼다.

진심을 다한 순간은 그 자체로 사람을 성장시키고,
삶을 더 깊게 만든다.

당신이 할 수 있는 만큼 다했고,
스스로 떳떳하게 여길 수 있다면 그걸로 충분하다.

결과보다 중요한 것은,
당신이 끝까지 마음을 다했다는 사실이다.

진심은 늘 그 자리에 남아 당신을 지탱해주는
가장 든든한 흔적이 된다.

◎ 작은 반복이 큰 변화를 만든다

삶으로 보여주는 사람이 오래 기억된다

"말은 곧 사라지지만, 태도는 오래 기억된다."
『목민심서』

어떤 마음은
아무리 말로 설명해도 제대로 전해지지 않는다.
진심은 때로 언어를 초과하고,
삶의 태도와 작은 실천에서 비로소 드러난다.

그래서 이제는 말보다 태도로,
설명보다 살아가는 모습으로
보여주고 싶다는 생각이 든다.
소리 없는 태도가 더 멀리, 더 깊이 닿는 법이니까.

다산은 그렇게 믿었다.

진심은 말보다 태도에 담겨 있고,
그런 사람이야말로 오래 신뢰받는다고.

"말은 곧 사라지지만, 태도는 오래 기억된다."

- 『목민심서』

그는 글보다 삶을, 말보다 실천을 우선하였다.
사람의 무게는 말이 아니라
살아온 모습에서 느껴진다고 보았다.
말보다 깊은 울림은 결국 살아온 방식에서 나온다.

지금 내가 선택한 그 조용한 태도는,
언젠가 나를 오래 기억하게 할
조용하지만 확실한 힘이 된다.

◎ 작은 반복이 큰 변화를 만든다

결과보다 진심이, 성과보다 책임이 오래 남는다

"사람은 자신이 남긴 마음의 무게만큼 기억된다."
『목민심서』

정말 오래 남는 건 뭘까? 눈에 보이는 성과일까,
아니면 그 일을 대하는 태도일까?

부족했더라도 최선을 다했다면, 묵묵히 자리를 지켜냈다면,
삶을 책임 있게 살아낸 증거가 된다.

어떤 마음으로 그 일을 감당했는지를
더 중요하게 여겼고,
조용히 책임을 다하는 태도에서
한 사람의 품격이 드러난다고 말했다.

"사람은 자신이 남긴 마음의 무게만큼 기억된다."

- 『목민심서』

그는 업적보다 태도를 더 중요하게 여겼다.

누구보다 열심히 하되 잘난 척하지 않고,
말없이 책임을 다하는 사람을 귀하게 여겼다.

지금 내가 지키고 있는 이 조용한 진심 또한,
그것만으로 충분히 아름답다.

◎ 작은 반복이 큰 변화를 만든다

고요한 마음이 삶을 단정하게 한다

"고요한 마음이 세상을 가장 정확히 비춘다."
『여유당전서』

복잡한 관계와 끊임없는 소음 속에서
문득 혼자만의 시간이 찾아올 때가 있다.

북적이는 일상에서 잠시 한 발 물러섰을 뿐인데
그 조용함 안에서 마음이 정리되고
흐트러졌던 생각들이 차분히 가라앉기 시작한다.

고요한 공간에 몸을 두고 있으면
흩어졌던 삶의 중심이
다시 제자리를 찾아오는 듯한 감각이 스며든다.

다산은 그런 고요의 힘을 믿었다.
혼란한 시대 속에서도

내면의 고요를 지켜낸 그의 마음은
삶의 질서를 회복하고
세상을 바르게 비추는 가장 단단한 힘이었다.

"고요한 마음이 세상을 가장 정확히 비춘다."

- 『여유당전서』

그는 혼란과 소문이 가득한 시대를 살면서도,
자기 안의 평정을 지키는 일에 힘을 쏟았다.

글을 쓰고, 사색하고, 걷는 단순한 습관 안에서
마음의 질서를 회복했다.

삶이 무질서하게 느껴질수록,
오히려 더 깊은 고요가 필요하다.

복잡함을 해소하는 힘은
무언가를 더하는 것이 아닌, 덜어내는 데서 온다.

소음 속에서 흔들릴 때, 그 소음을 줄이는 것보다
먼저 해야 할 일은 내 안의 소리에 더 집중하는 일이다.

지금 당신이 혼자만의 시간을 통해 마음을 가다듬고 있다면,
그 고요함은 결코 공허한 시간이 아니다.

조용히 정돈된 마음은 결국 단정한 삶을 만든다.

◎ 작은 반복이 큰 변화를 만든다

버텨낸 하루는 작지만 확실한 승리

"힘겨운 하루를 온전히 견딘 것,
그 자체로 큰일을 이룬 것이다."
『다산시문집』

별다른 일이 없었는데도
이상하게 하루가 유난히 무겁게 느껴질 때가 있다.

아무 일도 없었지만,
마음은 지쳐 있고,
작은 일조차 크게 다가오는 날.

그런 하루를 묵묵히 끝마쳤다는 것만으로
나는 이미 큰 일을 해낸 것이다.

눈에 보이는 성과보다

무너지지 않고 하루를 견뎌낸 태도에서
삶의 진짜 깊이가 드러난다고.

버텨낸 하루는 작아 보여도,
그것이야말로 흔들리지 않는
나를 만들어가는 가장 확실한 힘이다.

"힘겨운 하루를 온전히 견딘 것, 그 자체로 큰일을 이룬 것이다."

- 『다산시문집』

그는 삶의 크기를 성과에서 찾지 않았다.
오히려 힘겨운 시간을 대하는 태도에서
그 사람의 품격을 보았다.

조용히 견디고 끝까지 버텨낸 하루는,
말없이 쌓여가는 가장 단단한 힘이 된다.

지금 당신이 해낸 이 하루는 결코 작지 않다.

눈에 띄는 성과가 없더라도,
지친 마음을 붙들고 하루를 다 살아냈다는
사실 자체가 당신을 지탱해주는 증거다.

오늘도 잘 견뎌냈다.
그 자체로 당신은 충분히 잘하고 있다.

◎ 조용한 배려가 오래 기억된다

관계는 존중 위에 쌓인다

"진정한 관계는 오래 아는 것이 아니라,
오래 존중하는 데 있다."
『목민심서』

좋은 인연은 생각보다 쉽게 시작될 수 있다.
하지만 오래 이어지는 관계는 결코 우연이 아니다.

시간이 흐를수록 더 깊어지는 인연은
언제나 태도와 노력이 만들어낸 결과다.

친해지는 건 어렵지 않지만
오래 함께 가기 위해서는
더 섬세한 배려와 조용한 존중이 필요하다.

다산은 그런 관계야말로

절제와 존중 위에 세워져야 오래 갈 수 있다고 믿었다.

"진정한 관계는 오래 아는 것이 아니라, 오래 존중하는 데 있다."

- 『목민심서』

그는 벗들과 편지를 주고받으며 마음을 나눴고,
멀리 떨어져 있어도 관계의 무게를 가볍게 여기지 않았다.

오랜 인연일수록 말과 행동에 더 조심했고,
친하다는 이유로 함부로 대하지 않았다.

우리는 종종 가까운 사람일수록
말이 거칠어지고 태도가 느슨해지기 쉽다.

하지만 진짜 깊은 관계는 거리를 적절히 조절할 줄 아는 예의,
말을 아끼는 절제, 작은 성실을 반복하는 꾸준함 위에 쌓인다.

오래 함께하고 싶은 사람이 있다면,
그 인연 앞에서 더 섬세해지는 사람이 되어야 한다.

존중은 관계를 단단하게 지켜주는 가장 기본적인 태도다.

◎ 조용한 배려가 오래 기억된다

예의란 상대의 마음을 먼저 헤아리는 태도

"예는 타인의 마음을 미리 헤아리는 것이다."
『목민심서』

혹시 내가 한 말이나 행동이
누군가에게 무례하게 느껴지진 않았을까?

그런 의도는 전혀 없었는데도
괜히 마음이 쓰이고,
시간이 지나고 나서야 불안감이 밀려온다.

말은 이미 흘러갔고,
행동도 되돌릴 수 없지만
마음속에는 조용한 미안함이 남는다.

다산은 예의를 이렇게 설명했다.

형식이 아니라,
타인의 마음을 미리 살피는 배려라고.

"예는 타인의 마음을 미리 헤아리는 것이다."

- 『목민심서』

그는 겉으로 보이는 형식보다 상대를 향한
배려와 존중의 감각을 예의의 본질로 보았다.

무례하지 않기 위해서가 아니라,
상대의 마음을 다치게 하지 않기 위해 조심하는 태도,
그것이 다산이 말한 진짜 '예'였다.

지금 당신이 걱정하고 있다는 사실은,
이미 사람의 마음을 잊지 않았다는 증거다.

그 마음은 관계를 지키는 가장 중요한 시작이다.
다음에는 한 걸음 더 조심하면 된다.

예의는 완벽한 사람이 되기 위한 게 아니라,
더 따뜻한 사람이 되기 위한 연습이다.

◎ 조용한 배려가 오래 기억된다

한결같은 태도는 믿을 수 있는 품격이 된다

"진심은 상황에 흔들리지 않고,
한결같음은 사람을 신뢰하게 만든다."
『목민심서』

기분에 따라 말투가 바뀌고,
사람에 따라 태도가 달라질 때가 있다.

그러고 나면 나도 지치고,
관계도 조금씩 어긋나기 시작한다.

그래서 요즘 자주 생각하게 된다.
한결같은 사람이 되고 싶다고.

누구 앞에서든, 어떤 상황에서도
흔들리지 않는 태도를 지닌 사람.

다산도 그렇게 살고자 했다.
그는 무엇보다 일관된 삶의 태도를
진정한 품격이라 여겼다.

"진심은 상황에 흔들리지 않고, 한결같음은 사람을 신뢰하게 만든다."

- 『목민심서』

그는 높은 자리에 있을 때나 낮은 자리에 있을 때나,
가까운 사이든 낯선 사람이든
늘 같은 태도로 사람을 대했다.

예의와 진심은 상황이나 관계의 거리와 상관없이
그 사람의 중심에서 나오는 태도라고 보았다.

한결같은 사람은 때론 무던해 보일 수 있지만,
그 사람 옆에서는 누구든 편안하고 믿음이 간다.

당신이 어떤 상황에서도 중심을 지켜내고자 애쓰고 있다면,
그 마음이야말로 당신을 단단하고
좋은 사람으로 만들어가는 과정이다.

◎ 조용한 배려가 오래 기억된다

감정을 다스리는 사람이 삶도 다스린다

"화를 다스리는 자가 세상을 다스릴 수 있다."
『여유당전서』

예전에는 듣자마자 바로 말했고,
참지 못하고 곧장 화를 내기도 했다.

하지만 요즘은 한 박자 늦추고,
잠시 생각한 뒤에 말을 꺼내는 자신을 발견하게 된다.

그럴 때면 문득
이것이 어른이 된다는 거구나 싶은 마음이 스친다.

다산은 감정을 이겨낸다는 건
마음의 결을 먼저 다스리는 일이라고 보았다.

반응이 아닌 성찰에서 나오는 말이
결국 사람의 깊이를 보여준다고 믿었다.

"화를 다스리는 자가 세상을 다스릴 수 있다."
- 『여유당전서』

격한 감정이 솟아오를 때마다 글을 쓰며 마음을 가라앉혔고,
행동보다 먼저 마음의 결을 정돈하는 일에 집중했다.

자신이 감정의 종이 되지 않도록
늘 스스로를 다스리는 훈련을 이어갔다.

감정을 다스린다는 건 억누른다는 뜻이 아니다.
감정이 나를 조종하지 않도록
내가 중심을 잡는다는 뜻이다.

순간의 감정에 휘둘리지 않고 스스로를 지켜내는 태도야말로,
진짜 삶의 품격을 높이는 힘이다.

◎ 조용한 배려가 오래 기억된다

먼저 전해지는 마음이 진짜 배려

"참된 배려는 말보다 조용히 전해진다."
『목민심서』

직접 말로 표현하지는 않았지만
내가 건넨 작은 행동 하나가
누군가에게 큰 울림이 되었던 순간이 있다.

그럴 때 문득 깨닫게 된다.
'배려'라는 건
굳이 말로 설명하지 않아도
자연스럽게 전해질 수 있다는 사실을.

다산은 그렇게 믿었다.
진짜 배려는 말보다 앞선 태도에서
조용히, 그러나 분명하게 전해진다고.

"참된 배려는 말보다 조용히 전해진다."

- 『목민심서』

그는 형식적인 말보다 조용한 태도와 행동 속에 담긴
진심을 더 중요하게 여겼다.

말없는 관심, 드러내지 않은 응원이 때로는
가장 큰 위로가 된다는 사실을 삶으로 보여주었다.

진짜 다정함은 말을 앞세우지 않는다.
상대의 마음을 먼저 헤아리는 조용한 움직임,
그 배려가 오히려 더 깊이 남고 오래 전해진다.

당신이 지금 조용히 보여주는 그 마음이야말로,
진심을 담은 다정함이다.

◎ 조용한 배려가 오래 기억된다

함께 있어주는 것이 더 깊은 위로가 된다

"진정한 정은 말보다 오래 곁에 머무는 것이다."
『목민심서』

왜 어떤 말보다
그냥 곁에 있어준 사람이 더 크게 느껴질 때가 있을까?

아무 말없이 옆자리를 지켜준 그 마음 하나가
오래도록 잊히지 않는다.

말보다 머문 시간 속에서
더 깊은 진심이 전해질 때,
우리는 관계의 의미를 다시 깨닫게 된다.

다산은 그렇게 믿었다.
진짜 관계는 말보다 곁에 머물러 주는 태도에서 드러난다고.

"진정한 정은 말보다 오래 곁에 머무는 것이다."

- 『목민심서』

그는 어려운 시기에도 자신을 떠나지 않고
곁에 있어준 벗들을 누구보다 귀하게 여겼다.

조언이나 해결책보다 함께 있어주는 침묵의 태도,
그 자체를 더 깊은 애정의 표현이라 여겼다.

누군가에게 특별한 말을 하지 못했더라도,
그 옆에 있어주었다면 그건 이미 충분한 위로이자 응원이다.

당신이 건넨 조용한 머묾은 말보다 더 오래 남는 선물이며,
때로는 어떤 말보다 더 큰 힘이 된다.

◎ 조용한 배려가 오래 기억된다

말없는 선행이 마음을 채운다

"조용한 선행이야말로 가장 깊은 덕이다."
『여유당전서』

나만 알고 있는 작은 친절 하나가 있다.
굳이 말하지도 않았고,
누군가 알아주기를 바라지도 않았다.

그런데 이상하게
그 일을 했다는 사실만으로도
마음 한켠이 따뜻해지는 순간이 있다.

드러나지 않았기에
오히려 더 진심으로 남는 선행.

다산은 그렇게 믿었다.

말없이 베푼 선행이야말로

마음을 가장 깊고, 가장 따뜻하게 만든다고.

"조용한 선행이야말로 가장 깊은 덕이다."

- 『여유당전서』

그는 선행은 보여주기 위한 것이 아니라,

마음 깊은 곳에서 우러나와야 진짜 의미가 있다고 보았다.

말하지 않았기에 더 오래 기억되고, 조용히 흘려보낸

그 마음이야말로 진짜 덕의 실천이라 여겼다.

누군가에게 드러내지 않았지만 스스로 아는 그 마음.

당신의 그 고운 배려는 사라지지 않고,

오히려 오래도록 당신의 마음을 더 따뜻하게 채운다.

진심은 조용할수록 깊고,

그런 마음이야말로 가장 아름다운 선물이다.

◎ 조용한 배려가 오래 기억된다

머물던 시선도 누군가에겐 위로가 된다

"진짜 어른은 말없는 외로움에도
눈길을 주는 사람이다."
『다산시문집』

무표정한 얼굴,
말없이 앉아 있는 뒷모습.

그저 스쳐 지나갈 수도 있었던 사람이
이상하게 마음에 오래 남을 때가 있다.

말을 주고받은 것도 아닌데
어딘가 쓸쓸해 보이는 그 모습에
조용히 마음이 기운다.

다산은 말했다.

드러나지 않은 외로움에도
조용히 시선을 건네는 태도,
그것이야말로 진짜 어른의 품격이라고.

"진짜 어른은 말없는 외로움에도 눈길을 주는 사람이다."
- 『다산시문집』

그는 시끄럽지 않은 슬픔, 드러나지 않는 아픔을
그냥 흘려보내지 않았다.

눈에 띄지 않아도, 귀에 들리지 않아도,
그 외로움을 알아차릴 줄 아는 마음을
더 깊은 어른의 품격이라 여겼다.

따뜻한 말보다, 조용히 머무는 시선이
더 깊은 위로가 될 때가 있다.

당신이 무심히 건넨 눈빛 하나, 잠시 머문 마음 하나가
누군가에게는 이미 커다란 위안이 되고 있을지도 모른다.

◎ 조금 느려도 단단하게

기회는 기다리는것이 아니라 스스로 여는 것이다

"기회는 오는 것이 아니라 내가 만드는 것이다."
『경세유표』

무언가를 시작하고 싶은 마음은 있지만
'아직은 때가 아니야'라는 생각에
자꾸만 미루게 되는 순간이 있다.

준비가 덜 된 것 같고,
지금은 적절한 시기가 아니라는 핑계가
마음을 붙잡는다.

그렇게 망설이다 보면
어느새 마음은 식고
기회는 조용히 옆을 지나가버린다.

다산은 말했다.
기회는 주어지는 것이 아니라
스스로 만들고 열어가는 것이라고.

"기회는 오는 것이 아니라 내가 만드는 것이다."

- 『경세유표』

그는 유배지에서도 학문을 멈추지 않았고,
절망의 시간 속에서도 스스로 길을 만들어냈다.

누구도 주지 않은 기회를,
자신이 직접 쌓고 열었던 사람이었다.

지금 시작하기엔 부족해 보여도 괜찮다.
완벽한 준비보다 중요한 건 한 걸음 내딛는 실행력이다.
그 첫걸음이 기회의 문을 여는 열쇠가 된다.

기다리는 사람에게 기회는 쉽게 오지 않지만,
움직이는 사람에겐 지금 이 순간이 곧 기회가 된다.

◉ 조금 느려도 단단하게

따뜻한 마음은 쌓일수록 단단해진다

"선한 마음은 행동보다 오래 남는다."
『다산시문집』

누군가에게 작은 친절을 건넸을 뿐인데
괜히 기분이 좋아질 때가 있다.

뭔가 대단한 걸 한 것도 아닌데
'이런 나도 괜찮다'는 마음이 조용히 피어난다.

아무런 대가도 바라지 않았지만
나 자신을 위로하고 환하게 밝혀주는 느낌이 든다.

다산은 그렇게 믿었다.
따뜻한 마음이 쌓이고 쌓이면
그것이 곧 그 사람의 품격이 된다고.

"선한 마음은 행동보다 오래 남는다."

- 『다산시문집』

그는 선한 마음이 겉으로 드러나는 행동보다
더 오래 기억되고, 그 사람의 인품을 결정짓는
본질적인 힘이 된다고 보았다.

작고 조용한 친절이라도 반복되면,
그것은 결국 그 사람의 품격이 된다.

따뜻함은 그저 감정이 아니다.
그것은 시간 속에서 쌓이며 사람을 빚는 힘이다.

오늘의 다정함, 오늘의 배려, 오늘의 선한 마음 하나가 모여
당신이라는 사람을 단단하게 만들어간다.

오래 지켜낸 따뜻함은 결국 가장 강한 힘이 된다.

◎ 조금 느려도 단단하게

부지런함은 빠른 것이 아닌 나를 단련하는 것

"근면은 남과의 경쟁이 아니라
스스로를 단련하는 길이다."
『여유당전서

새벽부터 부지런히 움직이는 사람들,
쉴 틈 없이 목표를 향해 달려가는 이들을 보면
와, 다들 참 대단하다!

그런데 그럴수록 문득 이런 생각이 스친다.
나만 느슨해진 건 아닐까?

괜히 초라해지고, 마음이 작아진다.
비교는 의욕보다 위축을 더 자주 불러오는 법이다.

다산은 그렇게 말한다.

부지런함이란 남과 겨루는 경쟁이 아니라,
어제의 나를 넘어서는 훈련이라고.

"근면은 남과의 경쟁이 아니라 스스로를 단련하는 길이다."
- 『여유당전서』

그는 타인을 기준으로 삼기보다 자신의 리듬을 지키며
묵묵히 걸어가는 성실함을 중요하게 여겼다.

남보다 빠른 걸음보다, 어제보다 조금 더 성실해진
나를 만들어가는 과정이야말로 진짜 부지런함이라고 믿었다.

속도가 느려도 괜찮다.
방향만 분명하다면, 그 걸음은 결코 헛되지 않는다.

비교보다 더 중요한 것은,
오늘도 한 걸음을 내디딘 당신 자신의 태도다.

그 꾸준함이 결국 당신을
가장 단단한 사람으로 만들어줄 것이다.

◎ 조금 느려도 단단하게

남을 대하는 말이 곧 나의 깊이를 말해준다

"남의 허물을 쉽게 말하는 이는
자신의 허물도 쉽게 잊는다."
『다산시문집』

무심코 던졌던 말 한 줄이
누군가의 마음을 꺾었을지도 모른다는 생각이
문득 스쳐갈 때가 있다.

당시에는 별 뜻 없이 한 말이었는데
그 말이 남긴 상처가 떠오르며
조용한 미안함이 밀려온다.

생각보다 쉽게 판단했고
너무 단정적으로 말했던 나 자신이 떠오른다.

다산은 말했다.

타인을 대하는 말투와 시선 속에
그 사람의 인품과 깊이가 고스란히 드러난다고.

"남의 허물을 쉽게 말하는 이는 자신의 허물도 쉽게 잊는다."

- 『다산시문집』

그는 타인의 잘못을 꾸짖기보다,
먼저 그 잘못이 나온 배경을 이해하려 했다.

관용은 나약함이 아니라
깊이 있는 성찰에서 비롯된 여유라고 보았다.

누구나 실수할 수 있다는 전제 위에서
관계를 바라볼 줄 아는 사람이 진정 성숙한 사람이다.

누군가의 실수를 대하는 당신의 말이
바로 당신의 깊이를 드러낸다.

가벼운 말이 아닌, 이해와 배려가 담긴 말 한 줄이
더 오래 기억된다.

다음에 비슷한 상황이 온다면,
한 걸음만 더 천천히, 한마디만 더 부드럽게 건네보자.

그것이 당신을 더 깊은 사람으로 만들어줄 것이다.

◎ 조금 느려도 단단하게

별일 없는 하루가 가장 큰 축복

"큰일 없는 하루가 가장 큰 복이다."
『사학징』

소란도 없고,
특별한 성취도 없던 하루.

그저 조용히 흘러갔을 뿐인데
이상하게 이런 날이 가장 평화로운 날이 아닐까 하는 생각이
들 때가 있다.

아무 일도 없던 그 시간 속에서
오히려 마음이 고요해지고,
삶의 본질에 가까워지는 느낌이 스며든다.

다산은 바쁜 정치와 혼란의 시대를 살아가면서도

그런 평온한 일상의 가치를
누구보다 깊이 아는 사람이었다.

"큰일 없는 하루가 가장 큰 복이다."

- 『사학징』

그는 세상과 단절된 채 지내는 동안, 누군가를 만나지 않아도,
글을 쓰고 책을 읽으며 자기 생각을 정리했고,
그 조용한 일상 안에서 내면의 평화를 지켜냈다.

아무 일도 없었던 하루는,
삶이 조용히 당신을 지켜주고 있었다는 뜻이다.

오늘 하루가 무탈하게 지나갔다면,
그것은 아주 조용하고도 묵직한 기적이다.

고요하게 이어진 이 하루가
당신 삶의 가장 단단한 기반이 되어준다.

◎ 조금 느려도 단단하게

삶은 이루기보다 살아낸 방식으로 남는다

"삶은 성과가 아니라
그 삶을 대하는 마음에서 판가름난다."
『다산시문집』

결과가 기대에 못 미치면
과연 오늘 하루는 실패한 걸까?

아무도 알아주지 않아도
내가 할 수 있는 만큼은 다 했다는 마음이 남는다면,
그건 충분히 잘해낸 하루 아닐까?

때로는 '이 정도면 잘한 거야'라고
조용히 스스로를 다독일 수 있는 날도 있어야 한다.

다산은 말했다.

무엇을 이루었느냐보다
어떤 태도로 하루를 살아냈느냐가
삶의 가치를 결정한다고.

"삶은 성과가 아니라 그 삶을 대하는 마음에서 판가름난다."

- 『다산시문집』

그는 벼슬이 막히고, 억울한 누명을 쓰고, 가장 낮은 자리로 밀려났을 때에도 자신의 하루를 정성스럽게 살아냈다.

다산에게 있어 중요한 것은 외부의 평가가 아니라,
자신이 하루를 어떻게 대했는가에 대한 내면의 자세였다.

오늘 하루를 성실하게 마주했고, 그 안에서 최선을 다했다면 그것은 이미 충분한 성과다.

삶은 결과보다 태도가 깊이를 만든다.

당신이 삶을 대하는 그 마음이야말로,
가장 오래 남을 당신의 증거다.

◉ 조금 느려도 단단하게

덜어낼수록 삶은 단단해진다

"삶을 덜어낼수록 마음은 더 단단해진다."
『여유당전서』

인간관계도 복잡하고,
일정도 끝없이 이어질 때면
문득 이런 생각이 들곤 한다.

조금은 덜 바쁘게,
덜 복잡하게,
그냥 단순하게 살고 싶다고.

삶이 무거워질수록
단순한 하루가 더 간절해진다.

덜어낸다는 건 버리는 게 아니라,

삶의 본질에 더 가까워지는 일이라고.

그래서 요즘은 무엇을 더 갖는가보다
무엇을 덜어낼 수 있을지를 더 자주 생각하게 된다.

"삶을 덜어낼수록 마음은 더 단단해진다."
- 『여유당전서』

그는 많이 가지려 하기보다 불필요한 것을 덜어내고,
마음의 여백을 지키는 삶을 지향했다.

덜 소유하고, 덜 말하고, 덜 비교할수록
오히려 더 분명한 자기 자신을 마주하게 된다는 것을
누구보다 잘 알았다.

단순한 삶은 비워낸 삶이 아니라,
진짜 중요한 것만 남긴 삶이다.

그 안에는 가벼움이 아니라 단단함이 있고,
흔들림 없는 중심이 있다.

당신이 지금 단순함을 바라고 있다면,
이미 삶의 본질을 향해 가고 있는 중이다.

◎ 조금 느려도 단단하게

신중해졌다는 건, 마음이 깊어졌다는 뜻

"신중함은 냉정함이 아니라 깊이 있는 따뜻함이다."
『목민심서』

예전에는 쉽게 마음을 열었고,
누구와도 거리낌 없이 어울릴 수 있었다.

하지만 어느 순간부터
관계 앞에서 조금씩 조심스러워지기 시작했다.

말 한마디, 행동 하나에도
스스로를 더 살피게 되는 나를 마주한다.

그 변화가 낯설긴 하지만
어쩐지 나쁘지 않게 느껴진다.

다산은 말했다.
신중함이란 마음이 식은 것이 아니라
더 깊어진 마음의 또 다른 표현이라고.

"신중함은 냉정함이 아니라 깊이 있는 따뜻함이다."

- 『목민심서』

그는 사람을 대할 때 쉽게 판단하지 않았고,
어떤 말도 가볍게 흘려보내지 않았다.

신중함은 차가움이 아니라, 상대를 더 소중히 여기기 때문에
생기는 조심스러움이라는 것을 삶으로 보여준 사람이다.

지금 당신이 관계 앞에서 더 조심스러워졌다면,
그건 마음이 그만큼 깊어졌다는 증거다.

그 변화는 당신을 더 단단하게,
그리고 더 따뜻한 사람으로 만들어가고 있다.

신중해진 당신은 예전보다 훨씬 더 성숙한 모습으로
누군가를 마주하고 있는 중이다.

◉ 조금 느려도 단단하게

당신은 이미 괜찮은 사람이다

"자신을 위해 쌓은 건 사라지지만,
남을 위해 나눈 건 남는다."
『목민심서』

누군가에게 따뜻한 말을 건네고 싶고,
짧은 시간이지만 그 사람을 위해 내어주고 싶다는
마음이 들 때가 있다.

가진 것이 많지 않아도
무언가를 나누고 싶다는 마음이
내 안에 있다는 사실만으로도
문득 스스로가 괜찮은 사람처럼 느껴진다.

다산은 그런 사람이었다.

자신이 가진 지식과 글,
그리고 삶에서 얻은 모든 경험을
늘 타인을 위해 기꺼이 사용하고자 했다.

"자신을 위해 쌓은 건 사라지지만, 남을 위해 나눈 건 남는다."

- 『목민심서』

그는 자기 만족에 머무르지 않고, 그 모든 쌓임이
어떻게 타인에게 도움이 될 수 있을지를 먼저 생각했다.

자신의 고통조차 누군가에게는 위로가 되고,
방향이 될 수 있음을 알았기에
더욱 기꺼이 나누려 했다.

당신이 가진 것을 조금이라도 나누고 싶다는 마음은,
당신 안에 깊은 여유와 성숙함이 자리하고 있다는 뜻이다.

나눔은 크기가 아니라 마음의 깊이에서 시작된다.
그 마음이야말로 가장 귀한 자산이다.

◎ 조금 느려도 단단하게

조금 천천히 가도 괜찮지 않을까

"쉼 없이 달리는 삶이 과연 바른 길인가?"
『사학징』

왜 이렇게 지칠 때까지 달려왔을까?
앞만 보고 쉼 없이 걸어왔는데
어느 순간, 몸도 마음도 바싹 마른 것처럼 느껴진다.

열심히 살아온 게 자랑스럽기도 하지만
'정말 이렇게까지 해야 하나?' 하는 마음이 스쳐간다.

그럴 때 문득 이런 생각이 든다.
조금 천천히 가도 괜찮지 않을까?

다산은 그런 순간,
스스로에게 이렇게 물었다.

"지금 내 마음은 어디쯤 와 있는가?"

"쉼 없이 달리는 삶이 과연 바른 길인가?"

- 『사학징』

그는 바쁜 삶 속에서도 글을 쓰며 쉬었고,
자연을 바라보며 생각을 정리했다.

잠시 멈춰 서는 시간 속에서 오히려 더 많은 것을 깨닫고,
더 멀리 갈 준비를 했다.

움직이는 것만이 능사가 아니라는 것을
그는 삶으로 보여주었다.

열심히 사는 것도 중요하지만, 잘 쉬는 것도 실력이다.

지금 당신이 택한 이 멈춤은 게으름이 아니라,
삶을 지키고 다시 일어설 힘을 채우는 시간이다.

그 조용한 휴식이 결국 당신을
더 단단한 사람으로 만들어줄 것이다.

◎ 조금 느려도 단단하게

진심으로 살아낸 의미 있는 하루

"삶은 특별한 날이 아니라,
반복되는 날을 어떻게 사느냐에 달려 있다."
『다산시문집』

늘 비슷하게 반복되는 일상,
다를 것 없는 하루가 이어질 때가 있다.

처음엔 그 평범함이 지루하게 느껴졌지만
어느 순간부터는 그 안에서 느껴지는 평온함과 안정감이
오히려 고맙게 다가온다.

특별하지 않아도
그 하루들이 내 삶을 단단히 붙들고 있다는 걸
조금씩 깨닫게 된다.

특별한 일이 없어도
매일의 진심이야말로
삶을 가장 의미 있게 만드는 힘이라고 믿었다.

"삶은 특별한 날이 아니라, 반복되는 날을 어떻게 사느냐에 달려 있다."

- 『다산시문집』

그는 평범한 하루 안에서도 책을 읽고, 글을 쓰며,
자신을 돌아보는 시간을 놓치지 않았다.

크게 빛나는 날보다 매일의 작은 성실함을 더 소중히 여겼고,
특별함보다 진실함을 삶의 중심에 두었다.

오늘이 특별하지 않아도 괜찮다.
당신이 진심으로 하루를 살아냈다면,
그 하루는 이미 충분히 깊고 단단한 하루다.

삶은 특별한 날이 아니라,
그 특별하지 않은 날들을 어떻게 대하느냐에 따라 달라진다.

◎ 조금 느려도 단단하게

다정한 사람은 태도로 마음을 전한다

"다정한 사람은 말보다 존중으로 마음을 전한다."
『여유당전서』

상처받은 사람을 마주할 때면
괜히 내가 더 조심스러워진다.

마음이 닫힌 사람 앞에서는 말보다 조용한 침묵이
더 깊은 진심처럼 느껴지기도 한다.

그런 순간이 쌓일수록 누군가에게 다정한 사람이
되고 싶다는 마음이 자라난다.

다산은 다정함이란
요란한 말보다
조용한 존중 속에서 가장 깊게 전해진다고 믿었다.

"다정한 사람은 말보다 존중으로 마음을 전한다."

- 『여유당전서』

그는 다정함이란 크게 드러나는 행동보다,
상대를 향한 깊은 배려와 존중에서 시작된다고 믿었다.

억지로 위로하려 하지 않고, 조용히 곁에 있어주는
사람이야말로 진짜 다정한 사람이라고 여겼다.

다정함은 크거나 요란할 필요가 없다.
말보다 태도, 행동보다 시선 하나가
마음을 더 깊이 어루만질 때가 있다.

당신이 누군가에게 조용히 머물러주고 있다면,
그건 이미 가장 깊은 배려이자 진심 어린 다정함이다.

◎ 조금 느려도 단단하게

작은 정직, 나를 말해주는 힘

"정직은 순간의 판단이 아니라 삶의 자세다."
『목민심서』

'이쯤은 괜찮겠지' 하는 마음이 스칠 때가 있다.

하지만 사소한 행동 하나에도
내가 어떤 사람인지 드러난다는 생각이 들면
문득, 조금 더 바르게 살고 싶다는 마음이 고개를 든다.

정직이란 거창한 결단보다도
매일의 작고 반복되는 선택 안에서 더 진하게 드러난다.

다산은 그렇게 믿었다.
정직이란 크고 요란한 선언이 아니라
아무도 보지 않는 순간의 사소한 선택에서

조용히 증명되는 것이라고.

"정직은 순간의 판단이 아니라 삶의 자세다."

- 『목민심서』

백성의 세금을 다룰 때 손에 묻은 먼지 하나까지 신경 썼고,
작은 부정이 큰 부패로 이어질 수 있다는 사실을
누구보다 철저히 경계했다.

정의란 거창한 구호보다,
일상의 바른 태도에서 시작된다고 믿었다.

정직한 마음은 크고 특별한 결심에서 오는 것이 아니다.
오늘 당신이 택한 작은 바름 하나,
그 선택이 내일의 당신을 만드는 씨앗이 된다.

작은 정직을 지키는 태도가 당신이라는 사람을 말해준다.

◎ 조금 느려도 단단하게

나를 인정할 때 삶은 단단해진다

"삶은 완벽으로 완성되지 않고, 진심으로 채워진다."
『사학징』

계획한 대로 된 것도 없고,
말처럼 멋지게 살지도 못했지만
그래도 오늘만큼은
'이만하면 괜찮아'라고
스스로를 다독이고 싶은 날이 있다.

부족함을 느끼면서도
포기하지 않고 하루를 살아낸 나 자신에게
조금은 너그러워지고 싶은 순간이다.

다산은 믿었다.
사람을 단단하게 만드는 건

완벽한 결과가 아니라

진심을 다해 살아낸 하루의 태도라고.

"삶은 완벽으로 완성되지 않고, 진심으로 채워진다."

- 『사학징』

그는 수많은 저작을 남기면서도

스스로의 부족함을 숨기지 않았다.

완벽한 글보다 삶이 묻어나는 문장을 더 귀하게 여겼고,

외형보다 진심을, 결과보다 과정을 더 소중하게 보았다.

당신이 오늘도 진심을 다해 하루를 살아냈다면,

그건 이미 충분히 아름다운 삶이다.

부족한 나를 있는 그대로 받아들이는 것,

그것이야말로 진짜 성숙이고,

그 자세가 당신을 더욱 단단하게 만든다.

◎ 조금 느려도 단단하게

무던함은 흔들림 없이 중심을 지키는 것

"무던함은 작지만 흔들리지 않는 기둥이다."
『다산시문집』

눈에 띄는 재능도 없고,
특별한 업적도 없지만
조용히, 묵묵히 살아가고 싶다는 마음이 들 때가 있다.

누군가에게 폐 끼치지 않고
내 자리를 무던하게 지켜내는 삶,
그게 정말 의미 없는 걸까?
아니면, 그게 오히려 가장 단단한 삶의 방식은 아닐까?

다산은 그렇게 믿었다.
무던함이란 요란하지 않아도
중심을 잃지 않는 삶의 가장 깊은 형태라고.

"무던함은 작지만 흔들리지 않는 기둥이다."

- 『다산시문집』

그는 번뜩이는 재치나 화려한 말재주보다,
한결같고 성실한 태도를
더 깊이 있는 삶의 미덕으로 여겼다.

무던하게 살아간다는 것은
어느 상황에서도 중심을 잃지 않고
자신의 리듬을 지켜내는 삶의 자세였다.

지금 당신이 특별한 드러남 없이도 조용히,
성실히 하루를 살아내고 있다면,
그것은 이미 충분히 강한 삶이다.

무던함은 미약해 보이지만, 가장 오래 남는 힘이다.

◉ 실수에서 성장이 시작된다

하기 싫은 날에도 해내는 마음

"성실함은 기분이 아니라 책임에서 나오는 것이다."
『다산시문집』

하기 싫고 마음에 들지 않는 일이지만
그래도 그 일이 내가 맡은 몫이라는 걸
스스로 알게 되는 순간이 있다.

그럴 때 우리는 억지로라도 마음을 다잡고
지금의 감정보다 책임감을 앞세워야 할 때를 마주한다.

다산은 말했다.
성실함이란 기분에 따라 흔들리는 것이 아니라
맡은 바를 다하려는 태도에서 비롯된다고.

"성실함은 기분이 아니라 책임에서 나오는 것이다."

- 『다산시문집』

그는 일의 크기나 감정에 따라 태도를 바꾸지 않았다.

좋아서 하는 일이든, 해야 해서 하는 일이든,
그 안에 성실함이 깃들면 그것은 결국 자신의 내면을 단단하게
만드는 힘이 된다고 믿었다.

하기 싫은 마음을 억누르고 끝까지 책임을 다하려는 태도,
그 자체가 당신을 지탱하는 힘이다.

감정은 변하지만, 책임은 사람을 남긴다.
오늘의 성실이 결국 당신의 신뢰가 될 것이다.

◎ 실수에서 성장이 시작된다

보이지 않는 수고가 깊은 뿌리를 만든다

"보이지 않는 성실이 가장 강한 뿌리를 만든다."
『사학징』

매일 성실하게 살아가고 있지만
칭찬도 없고, 결과도 없고,
보상조차 없이 그저 묻히듯 지나가는 날들이 있다.

아무도 알아주지 않는 그 노력 앞에서
문득 허무함이 밀려올 때가 있다.

'내가 이렇게까지 해야 하나'
하는 마음이 조용히 고개를 들기도 한다.

다산은 말했다.
남들이 보지 못하는 자리에서

묵묵히 쌓아가는 성실함이야말로
사람을 가장 깊고 단단하게 만든다고.

"보이지 않는 성실이 가장 강한 뿌리를 만든다."

- 『사학징』

그는 유배지에서 누구에게도 읽히지 않을지도 모를 글을
수 없이 써내려갔다.

오직 자신과 하늘만 아는 노력 속에서,
조용하고도 단단한 학문과 정신을 쌓아갔다.

그 보이지 않는 축적이 오늘날 우리가 기억하는
'다산'이라는 이름을 만들었다.

지금 당신이 하는 수고가 세상에 드러나지 않더라도 괜찮다.

그 노력은 남의 눈에 보이지 않아도, 당신의 내면을 단단하게
세우는 가장 깊고 강한 뿌리가 되고 있다.

묵묵히 쌓여가는 오늘이 결국 당신을 지탱할 것이다.

◎ 실수에서 성장이 시작된다

끝까지 해내는 태도가 신뢰를 만든다

"맡은 일을 끝까지 하는 자가 가장 신뢰받는다."
『경세유표』

하기로 마음먹은 일이 있고,
맡게 된 역할이 있다면
힘들어도 끝까지 책임지고 완수하고 싶다는 마음이 든다!

그런데 아이러니하게도
그런 마음이 클수록
중간에 흔들리는 순간도 함께 찾아온다.

포기하고 싶은 유혹이
슬그머니 고개를 들기도 한다.

맡은 일을 끝까지 해내는 태도야말로

그 사람에 대한 신뢰를 가장 분명하게 보여주는 것이라고 다산은 말한다

"맡은 일을 끝까지 하는 자가 가장 신뢰받는다."

― 『경세유표』

그는 어떤 일이든 그 무게를 가볍게 여기지 않았다.

작은 관직 하나, 하찮아 보일 수 있는 일 하나에도
자신의 이름을 걸고 최선을 다하는 태도를 잃지 않았다.

일의 크기가 아니라,
그 일을 대하는 마음이
사람의 품격을 드러낸다고 믿었다.

맡았다는 것은 책임을 가졌다는 뜻이고,
끝까지 해낸다는 것은 믿음을 쌓는 과정이다.

지금 당신이 버티고 있는 그 자리가
곧 당신이 쌓고 있는 신뢰의 기반이다.

흔들려도 괜찮다.
완주하려는 마음이 이미 충분히 단단하다.

◎ 실수에서 성장이 시작된다

조용한 자리에서 쌓인 것이 나를 이룬다

"고요한 자리에서 자란 것이 끝내 사람을 이룬다."
『다산시문집』

주목받지 못하고,
눈에 띄는 성과도 없지만
이상하게 내 안에서
무언가가 조금씩 자라고 있다는 감각이 들 때가 있다.

누군가가 알아주지 않아도
내가 변하고 있다는 걸 스스로 느끼는 순간,
조용한 성장의 힘이 분명하게 다가온다.

다산은 그렇게 믿었다.
드러나지 않는 고요한 시간 속에서야말로
사람이 진짜로 깊어지고, 단단해진다고.

"고요한 자리에서 자란 것이 끝내 사람을 이룬다."

- 『다산시문집』

그는 고립된 공간에서도 배움을 멈추지 않았고,
글을 쓰고, 자신을 갈고 닦는 일을 꾸준히 이어갔다.

고요함은 멈춤이 아니라, 자신을 깊이 있게 만드는
시간이라는 것을 삶으로 증명했다.

지금 당신이 아무도 보지 않는 자리에서 쌓고 있는
마음, 공부, 태도 그 모든 것들이
결국 당신을 단단히 지탱할 힘이 된다.

조용한 자리야말로 가장 깊은 성장이 일어나는 곳이다.
당신은 지금도 충분히 잘 자라고 있다.

◎ 실수에서 성장이 시작된다

실천은 느려도 말보다 멀리 간다

"입으로 맺은 약속은 몸으로 갚아야 한다."
『다산시문집』

말은 먼저 앞섰는데
행동이 따라가지 못했을 때,
약속은 했지만 지키지 못했을 때,
스스로가 민망하고 부끄러워질 때가 있다.

다산은 그렇게 말했다.
말보다 느리더라도 끝내 지켜내는 실천이
진짜 신뢰를 만든다고.

"입으로 맺은 약속은 몸으로 갚아야 한다."

- 『다산시문집』

그는 말은 누구나 할 수 있지만,
그 말의 무게는 결국 행동으로 증명되는 것임을 강조했다.

말보다 한 걸음 느리더라도,
실천이 있는 삶이 결국 더 멀리 간다.

당신이 오늘도 약속한 바를 지키기 위해 노력하고 있다면,
그 태도 하나만으로도 이미 충분히 바른 길 위에
서 있는 것이다.

◎ 실수에서 성장이 시작된다

감정은 순간이고, 판단은 책임이다

"감정은 순간이고, 판단은 책임이다."
『다산시문집』

한참이 지나고 나서야 문득 깨닫게 된다.
'그땐 너무 감정적이었구나.'

순간의 분노나 서운함에 휩쓸려 내린 판단이
돌이켜보면 가벼웠고, 때론 누군가를 아프게 했다는
사실이 마음에 걸릴 때가 있다.

다산은 감정이 지나간 뒤에도 판단은 책임으로 남는다는
사실을 잊지 말라고 했다.

"감정은 순간이고, 판단은 책임이다."

- 『다산시문집』

그는 판단이란 감정의 속도로 해서는 안 되는 일이며,
결정이 남기는 책임의 무게를 누구보다 잘 알았다.

신중함은 위축이 아니라 성숙함의 표시이며,
그것이 삶을 더 단단하게 만든다.

순간을 넘기면 보이는 것이 있다.
그때는 마음보다 이성이 앞설 수 있기를…

◎ 실수에서 성장이 시작된다

신중한 결정은 내일을 지켜주는 방패다

"성급한 결정은 후회의 씨앗이 되고,
신중한 결정은 책임의 열매가 된다."
『경세유표』

지금 이 선택이 정말 옳은지,
나중에 후회로 남지는 않을지
고민에 고민을 거듭하게 되는 순간이 있다.

결정을 앞두고 망설이고,
다시 돌아보고,
머뭇거리게 되는 그 마음이
오히려 더 중요한 의미로 다가오기도 한다.

다산은 믿었다.

깊이 있는 결정이야말로

자신과 타인을 함께 지키는 길이라고.

"성급한 결정은 후회의 씨앗이 되고, 신중한 결정은 책임의 열매가 된다."

- 『경세유표』

그는 행정과 학문, 삶의 모든 판단 앞에서

충분한 기록과 근거를 살폈고, 사람의 사정과 감정을

먼저 헤아리는 태도를 잃지 않았다.

그에게 중요한 것은

'무엇을 결정했는가'보다 '어떻게 결정했는가'였다.

지금 당신이 조심스럽게 머물러 있다면,

그것은 이미 옳은 방향으로 가고 있다는 뜻이다.

신중함은 주저함이 아니라 깊이 있는 용기이며,

당신의 내일을 지켜줄 가장 조용하고 든든한

방패가 되어줄 것이다.

◎ 실수에서 성장이 시작된다

다시 일어나려는 마음이 변화의 시작

"넘어지는 건 부끄럽지 않다.
일어나지 않는 것이 부끄러운 것이다."
『다산시문집』

주저앉고 싶은 순간이 분명 있었다.
스스로를 원망했고,
모든 걸 그냥 내려놓고 싶었던 날도 있었다.

하지만 그 시간을 지나
다시 일어나려는 자신을 마주할 때,
오늘만큼은 그런 내가
조금은 대견하게 느껴진다.

다산은 그렇게 말했다.

다시 일어서려는 의지야말로

사람을 가장 깊이 변화시키는 힘이라고.

"넘어지는 건 부끄럽지 않다. 일어나지 않는 것이 부끄러운 것이다."

- 『다산시문집』

그는 수많은 실패와 좌절 속에서도
결코 자신을 포기하지 않았다.

누군가의 비난보다 더 무서운 것은
자신에게 실망하는 일이었고,
가장 필요한 것은 자신을 다시 일으키는 조용한 용기였다.

당신이 지금 다시 일어나려는 마음은 단순한 회복이 아니다.

그것은 스스로를 믿는다는 가장 근본적인 증거이며,
진짜 변화의 출발점이다.

흔들렸지만 다시 걸으려는 당신은,
이미 충분히 잘하고 있다.

◎ 실수에서 성장이 시작된다

나다움을 지키는 사람이 진짜 강하다

"사람됨은 밖에서 정해지는 것이 아니라
안에서 지켜지는 것이다."
『다산시문집』

사람이 바뀌고, 환경이 달라질수록
나도 모르게 조금씩 흔들릴 때가 있다.

말투가 달라지고,
태도도 조금씩 변해가는 나 자신을 보며
'이래도 괜찮은 걸까?'라는 질문이 떠오른다.
그럴 때 문득 더 간절해지는 것은 바로 '나다움'이다.

다산은 말했다.
자리가 바뀌어도 끝까지 자기다움을 지켜내는

태도야 말로 진짜 사람됨의 힘이라고.

"사람됨은 밖에서 정해지는 것이 아니라 안에서 지켜지는 것이다."

- 『다산시문집』

그는 어떤 자리에 있든, 누구를 마주하든 스스로의 기준을 무너뜨리지 않았다.

사람됨은 환경에 흔들리지 않고,
자기 안의 중심을 지켜내는 데서 비롯된다는 것을
삶으로 보여준 인물이었다.

당신이 어떤 자리에서든 스스로의 태도와 기준을
지켜내고자 노력하고 있다면,
그 자체로 이미 충분히 당신다운 삶을 살고 있는 것이다.

나를 잃지 않는 사람이 결국 가장 단단한 사람이다.

◎ 실수에서 성장이 시작된다

흔들릴수록 마음의 소리에 귀 기울여야 한다

"흔들릴 때일수록 내 마음을 더 깊이 들여다보라."
『사학징』

가끔은 이유 없이 불안해지고,
감정이 먼저 앞서서
주변 사람들의 말이나 시선에 괜히 흔들릴 때가 있다.

흔들리지 않으려 애쓸수록
오히려 마음이 더 요동치는 것 같고,
그 앞에서 무력감을 느끼게 된다.

그럴 때마다 스스로에게 묻는다.
지금 필요한 건 억지로 버티는 인내가 아니라
내 마음을 차분히 들여다보는 시간 아닐까?

다산은 말했다.
흔들릴수록 바깥이 아니라
내면의 소리에 더 귀 기울여야 한다고.

"흔들릴 때일수록 내 마음을 더 깊이 들여다보라."

- 『사학징』

남들의 평가보다 자기 양심의 기준을 따랐고,
감정이 요동칠수록 글을 쓰고, 스스로를 돌아보며
마음을 다잡았다.

흔들릴 때마다 돌아보는 연습이 쌓여야,
조금씩 중심이 생기고, 그 중심이
삶을 이끄는 방향이 된다.

지금 당신이 하고 있는 그 조용한 연습이야말로
가장 깊은 성장의 과정이다.

오늘도 쉽게 무너지지 않고 마음을 돌아보고 있다면,
이미 당신은 충분히 잘해내고 있다.

마음이 흔들릴수록 자기 안의 목소리에 집중할 수 있다면,
그 사람은 어떤 상황에서도 자기 삶을 지켜낼 수 있다.

◎ 실수에서 성장이 시작된다

우리는 말이 아니라 태도로 기억되는 존재다

"사람의 크기는 말보다
그가 지켜온 삶의 태도에서 드러난다."
『다산시문집』

무엇을 이루었는가보다
어떤 사람으로 기억되고 싶은지가
더 중요하게 느껴질 때가 있다.

목표와 성과에 집중하던 마음이
어느 순간 방향을 틀고
사람됨이라는 더 깊은 물음 앞에 서게 된다.

그때 문득 깨닫게 된다. 삶은 결국 성취보다
어떤 사람으로 살아냈는가로 남는다는 사실을.

다산은 그렇게 믿었다.
사람의 가치는 화려한 말이 아니라,
시간이 드러내는 조용한 태도에서 비롯된다고.

"사람의 크기는 말보다 그가 지켜온 삶의 태도에서 드러난다."

- 『다산시문집』

그는 높은 벼슬보다 늘 바른 태도를 더 소중히 여겼고,
깊은 학문보다 그것을 삶 속에서 실천하는 일을
더 중요하게 여겼다.

사람됨은 말로 만들어지는 것이 아니라, 시간과 일관성,
그리고 일상의 선택들 속에서 서서히 쌓여가는 것임을
그는 삶으로 보여주었다.

당신이 어떤 말보다 조용한 태도를 지키고 있다면,
그것이야말로 오래도록 기억될 모습이다.

사람은 성과가 아니라, 하루하루 지켜온 태도로 남는다.

당신이 남기고 싶은 흔적도
결국 그 조용한 성실함 속에 있을 것이다.

◎ 실수에서 성장이 시작된다

쉼은 후퇴가 아니라 회복이다

"마음에도 고르게 흐르는 숨이 필요하다."
『다산시문집』

불태우듯 몰입했던 시간 뒤에는
어김없이 텅 빈 공허감이 찾아온다.

열심히 달려온 만큼 지쳤고,
이제는 스스로를 아끼고 조절하는 법도
배워야겠다는 마음이 든다.

무조건적인 열정보다
균형 잡힌 지속 가능함이
더 필요한 시점이다.

다산은 믿었다.

쉼을 아는 여유야말로

삶의 길을 오래 걷게 해주는 지혜라고.

"마음에도 고르게 흐르는 숨이 필요하다."

- 『다산시문집』

그는 학문에도, 일상에도 늘 긴장의 끈만 당기지 않았다.

쉼과 몰입의 균형, 열정과 절제의 조화를 삶의 중심에 두었다.

지속 가능한 삶을 위해서는

쉼도 하나의 지혜임을 그는 누구보다 잘 알고 있었다.

잠시 쉬는 것도 앞으로 나아가기 위한 과정의 일부다.

열심히 살아온 사람일수록, 잘 쉬는 법도 익혀야 한다.

지금의 멈춤은 후퇴가 아니라 회복이며,

다시 나아갈 힘을 기르는 시간이다.

◎ 실수에서 성장이 시작된다

실수를 돌아봤다면 이제 자신을 용서할 때

"실수는 누구나 할 수 있다.
다만, 거기서 멈추지 않는 사람이 다르다."
『다산시문집』

어떤 잘못을 저지른 뒤엔
그 일을 되새기며 끝없이 스스로를 책망하게 된다.

이미 지나간 일인데도
머릿속에서 떠나지 않고
자꾸만 나 자신을 미워하게 된다.

그런데 어느 순간,
너무 오래 자신을 몰아세우고 있었다는 걸 깨닫는다.

실수를 인정하고 되돌아보는 것과

끝없이 자신을 괴롭히는 일은 분명히 다르다.
다산은 그렇게 믿었다.
실수를 돌아볼 줄 아는 사람이야말로
용서받을 준비가 된 사람이라고.

"실수는 누구나 할 수 있다. 다만, 거기서 멈추지 않는 사람이 다르다."

- 『다산시문집』

그는 완벽한 사람보다, 실수 이후에 다시 일어나는 사람이
진짜 성숙한 사람이라고 보았다.

실수는 한순간이지만,
그 다음의 태도는 그 사람의 품격을 만든다.

당신이 이미 그 실수를 돌아보고 있다면,
당신은 분명 그만큼 자란 것이다.
이젠 자신을 용서할 차례다.

자신을 받아들이는 그 마음이야 말로
다시 앞으로 나아가는 출발점이 된다.

◎ 실수에서 성장이 시작된다

'실수할 수도 있지'가 사람을 품게 한다

"사람을 용서한다는 것은
그를 위해서가 아니라, 나의 마음을 위해서다."
『목민심서』

완벽해 보이던 사람도 어느 순간 허점을 드러낸다.
잘나가던 사람도 예기치 못한 실수를 저지를 때가 있다.

그런 장면을 마주할 때
우리는 문득 '사람'이라는 존재의 본질을 떠올리게 된다.

누구도 완벽할 수 없고,
누구에게나 실수할 수 있는 순간이 있다는 사실을
조금씩 받아들이게 된다.

다산은 그랬다.

사람을 판단하기보다 이해하려는 시선을
끝까지 놓지 않았던 사람.

"사람을 용서한다는 것은 그를 위해서가 아니라, 나의 마음을 위해서다."

- 『목민심서』

그는 실수 앞에서 비난보다 이해를,
질책보다 기다림을 먼저 생각했다.

타인의 허물을 대할 때, 그것이 곧 자신의 과거이거나
미래가 될 수도 있다는 겸손한 마음을 잊지 않았다.

실수를 바라보는 시선은 곧 사람을 대하는
자세의 깊이를 말해준다.

모든 사람은 실수할 수 있다.
중요한 것은 그 실수를 돌아보고 고치려는 의지가 있는가
하는 점이다.

지금 당신이 누군가의 허물을 조금 더 부드러운 시선으로
바라보고 있다면, 당신의 마음도 성숙해지고 있다는 증거다.

이해하려는 마음이 관계를 따뜻하게 만들고,
결국 당신 자신도 더 깊어지게 만든다.

◎ 실수에서 성장이 시작된다

비교를 멈추는 순간 나를 지켜낼 수 있다

"사람마다 걸어야 할 길이 다르니,
경쟁보다 존중이 먼저다."
『여유당전서』

옆 사람의 성과가 괜히 더 커 보이는 날이 있다.

나만 제자리에 있는 것 같고,
아무리 괜찮다고 다독여도
마음 한구석이 조용히 무너질 때가 있다.

그런 날일수록 더 절실하게 느껴진다.
비교를 멈춰야 한다는 걸,
남을 바라보는 시선을 거두고
내 삶의 속도를 믿어야 한다는 걸.

다산은 말했다.

남과의 비교를 멈출 때 비로소 삶의 중심을 지킬 수 있다고.

"사람마다 걸어야 할 길이 다르니, 경쟁보다 존중이 먼저다."

- 『여유당전서』

그는 타인과 자신을 끊임없이 견주기보다,

각자의 걸음과 사정을 인정하는

존중의 태도를 더 소중하게 여겼다.

비교는 방향을 잃게 만들고,

존중은 나만의 길을 지켜주기 때문이다.

당신의 속도는 늦지 않았다.

앞서거나 뒤처지는 것이 중요한 것이 아니라, 나만의 길을

묵묵히 걷고 있다는 사실이 더 큰 의미를 가진다.

비교를 내려놓는 순간, 비로소 자신에게 집중할 수 있다.

지금의 걸음은 충분히 괜찮다.

◎ 실수에서 성장이 시작된다

실수는 끝이 아니라, 다시 사는 방식

"과거를 오래 붙잡는 자는 앞으로 나아갈 수 없다."
『사학징』

일이 끝난 뒤에도 자꾸만 떠오르는 말,
'더 잘할 수 있었는데.'

왜 그 한 가지 실수에 이렇게 오래 갇혀 있는 걸까?
괜찮다고 말해도 마음은 자꾸 그 순간으로 되돌아간다.

그럴 때 문득, 이런 말을 하고 싶어진다.
"이제 그만 나를 놓아주자."

다산은 말했다.
실수를 인정한 뒤 스스로를 놓아줄 수 있어야
비로소 진짜 성장이 시작된다고.

"과거를 오래 붙잡는 자는 앞으로 나아갈 수 없다."

- 『사학징』

그는 잘못을 인정하되 거기에 머무르지 않았다.

실수 위에 자책을 쌓는 대신,
실수 위에 다시 삶을 쌓는 방법을 택했다.
그 회복의 태도야말로 진짜 성장의 시작이었다.

지금 당신이 스스로를 용서하려는 마음을 갖고 있다면,
그것은 단순한 위로가 아니라
앞으로 나아가겠다는 의지의 표현이다.

실수는 당신을 무너뜨리는 것이 아니라,
당신을 자라게 한 하나의 과정이 된다.

놓아주는 순간, 당신은 더 단단해진다.

혼란속에서 무엇이 나를 버티게 하는가
초역, 다산의 말

초판 1쇄 발행 2025년 6월 25일
초판 2쇄 발행 2025년 11월 20일

원저자	정약용
지은이	민유하
발행인	박용범
펴낸곳	리프레시

출판등록 제 2015-000024호 (2015년 11월 19일)
주소	경기 의정부시 서광로 135, 405호
전화	031-876-9574
팩스	031-879-9574
이메일	mydtp@naver.com

편집책임	박용범
디자인	리프레시 디자인팀
마케팅	JH커뮤니케이션

ISBN 979-11-992340-4-8 (03190)
* 이 책에 실린 글과 사진의 무단 전재나 복제를 금합니다.